봄이 오는 소리

봄이 오는 소리

이동근 수필집

「머리말」

책을 내면서

지나온 창문을 열고 저 푸른 하늘을 바라보다.

사람은 누구에게나 자신의 지난날 궤적(軌跡)에 대한 묵상(默想)이 있듯이, 환갑을 지나 고희를 몇 해 앞두고 내가 걸어왔던 지난날들을 되돌아본다. 그리고 내가 가장 아끼고 사랑하는 내 보물과도 같은 가족과 주변에 함께 엮인 그리운 벗들! 그들과 함께했던 알록달록한 구슬과도 같은 이야기들을 나름의 자화상으로, 산고 끝에 졸필이지만 한 권의 책 속에 담아 세상에 얼굴을 내밀게 되었다.

이름하여 『봄이 오는 소리』로 제목을 붙여 보았는데 왠지 부끄럽기도 하고 두렵기도 하다. 그래도 용기를 내었다. 평소 존경하는 스승이자 형님인 동호 김선필 교수님의 지도와 도움이 내게 용기와 힘을 주었다. 본 장을 빌어 진정 감사의 뜻을 표하며, 향후 나 자신의 문로의 길에 매진하고자 마음을 다짐해 본다.

이 책 속에 펼쳐지는 이야기들은 오롯이 나의 경험이자 역사이기도 하지만 적지 않은 사람들에게 위안이 되고 내일을 살아가는 데 조금이라도 도움이 된다면 나 자신 부족함과 부끄러움은 기꺼이 감수하리라!

굴곡진 삶을 살아온 한 사람의 이야기가 같은 시대를 살아온 이들과 동병상련(同病相憐)이라면 더 바랄 나위가 없으며, 어려움을 당할 당시에는 그렇게 힘들었던 일이 시간이 지나 추억으로 남을 무렵, 내 인생의 또 다른 자양분이 되었다.

인생을 살면서 누구인들 회한(悔恨)이 없을 수 있을까?

행복이란 억지로 찾아서 얻어지는 것이 아니라 순간순간을 행복하다고 느끼며 얻는 것이라는 사실을 경험을 통해 알게 되었다. 갖은 어려움 속에서도 38년간 내 곁을 묵묵히 지켜준 영원한 내 사랑 아내에게 고맙다는 인사를 이 한 권의 책으로 대신한다. 서쪽 하늘로 후회 없이 지는 멋지고 값진 석양이 되고자 다짐해 본다.

2024.12. 이동근

「추천사」

『봄이 오는 소리』를 읽고

김선필 (신안산대학교 인문교양대학장 주임교수)

가을이 익어갈 무렵이었나, 평소 아끼던 제자로부터 연락이 와 캠퍼스 집무실에서 얼굴을 대하며 반가운 대화와 그동안의 근황도 들으며 이야기꽃을 피웠다.

모처럼 만나 그동안의 집필 활동에 대해서 듣던 중 수년 전부터 틈틈이 쓴 글들을 모아 수필집을 내고자 한다는 의사를 듣고 참으로 대견하구나 라는 생각과 그동안 장족의 발전을 한 제자가 무척이나 대견하게 보였다.

만난 지 이십여 년, 길다면 긴 시간 동안 사회에선 벗이자 후배로서, 또한 학교에선 제자로서 인간의 내면과 외적인 부분까지 상호 교감을 나누며 친분을 쌓아왔던 제자이자 벗이며 후배인 저자 이동근이 세월의 편린을 이겨내고 어느덧 문학의 최고경지인 작품을 내게 되었으니, 사실 이 기쁨과 뿌듯함을 어디다 비길까!

난 사실 학교 강의하랴 글 쓰랴 바쁜 일정이었지만 조금도 망설임 없이 저자의 작품을 보고 심취하게 되었고, 수필이다 보니 저자 자신의 생활과 삶의 철학들, 그리고 일반 사회생활에서 느끼는 부분들을 저자 자신의 사고와 철학에 대비하여 분야 분야 적절한 묘사를 통하여 예리하게 나타내었음에 같은 문로의 길을 가는 사람으로서 감사함을 느끼지 않을 수 없다.

제목 선정에 있어서도 많은 고뇌가 있었지만, 희망을 갈구하는 "삶"의 메아리 색채가 농후해 『봄이 오는 소리』로 명명하였으니 그 의미가 새삼 가슴으로 다가온다.

불과 수년 전 만 하여도 작가로서 이렇게 꽃을 피우리라는 생각은 이동근 작가 본인은 물론, 스승인 나 역시 생각도 못 하였는데, 이렇게 갑진년(甲辰年) 검은 용의 해도 기울어가는 즈음, 새 희망의 소리인 "봄이 오는 소리"가 세상에 고개 내밀고 태어났다. 근간 우리나라 정세도 왠지 어둡고 암울해 우울함이 사방을 감싸는 이 때, 이동근 작가의 『봄이 오는 소리』가 현재의 불투명하고 어두운 장막을 걷어내 주는 촉매가 되었으면 하는 간절함으로 본 책을 감히 추천하는 바이다.

「추천사」

봄날의 따스함이 깃든 이야기들

김미희(안산문인협회 회장)

이동근 선생님의 수필집『봄이 오는 소리』를 읽는 순간, 마치 봄볕 아래 앉아 따뜻한 차 한 잔을 나누는 듯한 편안함을 느꼈습니다. 66년의 세월을 묵묵히 걸어오신 선생님의 삶이 고스란히 녹아 있는 이 책은, 가족과 친구, 그리고 바른 삶에 대한 따뜻한 시선으로 가득 차 있습니다.

선생님의 글은 마치 오랜 친구와 이야기를 나누는 것처럼 자연스럽고 편안합니다. 때로는 유쾌한 유머로, 때로는 잔잔한 감동으로 우리의 마음을 어루만져 줍니다. 평범한 일상 속에서 발견하는 소소한 행복, 가족과 친구와의 소중한 만남, 그리고 삶의 지혜를 담담하게 풀어내는 선생님의 글은 우리에게 삶의 의미를 되새기게 하고, 진정한 행복이 무엇인지 생각하게 만듭니다.

『봄이 오는 소리』는 단순한 이야기들을 넘어, 삶의 깊이와 따스함을 느낄 수 있는 귀한 선물입니다. 바쁜 일상에 지친 당신에게, 잠시 쉬어갈 수 있는 아름다운 쉼표가 되어 줄 것입니다.

아무리 겨울이 춥고 길어도 봄이 오는 것을 막을 수는 없는 것처럼 작가의 예민한 귀는 벌써 봄이 오는 소리를 듣고야 말았습니다. 이 책을 통해 많은 분들이 봄날의 따스함과 희망을 발견하시기를 바랍니다.

「목 차」

발간사   4

추천사 _김선필 (신안산대학교 인문교양대학장 주임교수)   6

추천사 _김미희(안산문인협회 회장)   8

PART 1 _행복한 삶

새 생명의 탄생   14

고르지 않은 삶   18

발의 소중함   21

나의 인생길을 찾다   25

남을 위하는 마음   28

눈 속에서 피는 꽃   32

문학인으로서의 자긍심   36

배움의 소중함   40

부모님의 은혜에 감사하며 살자   44

새로움에 취하다   48

새해 첫날 새벽 해맞이를 하다   52

온천을 다녀왔다   55

운명 같은 인연   58

자기관리를 잘하자   62

자신을 뒤돌아 보다   66

자기 삶에 의미를 부여해 보다   69

가족과 즐거운 날을 보냈다   73

타고난 운명   77

평생 배우며 살자   80

행복의 첫 단추   84

PART 2 _건강한 삶

건강의 소중함	88
긴 터널에서 벗어나다	93
더위와 함께한 휴가	97
청와대를 다녀오다	101
사랑의 손길	104
새옹지마 塞翁之馬	108
입원을 앞두고	112
지친 삶을 벗 삼아보자	116
겨울의 길목에서	120
파트너십의 중요성	123
행복을 추구하는 삶	127
현재를 사랑하라	132

PART 3 _소중한 벗

나의 자화상	136
묵은지 같은 친구	140
바닷가 백사장의 추억	144
빛과 소금도 나의 몫이다	148
속이며 살지 말자	152
숙성된 친구를 보는 것 같다	154
조도와 관매도 여행	157
친구의 소중함	162
한마디의 말	167
희망의 끈	170

PART 4 _마음의 향수

겨울의 한복판에서   176
따스함 속의 하루   179
마음의 고향   183
오월의 어느 날   187
변해가는 시골의 모습   191
변화하는 삶   194
안식처가 된 곳   197
자연과 함께하는 삶   200
자연의 섭리   204
잡초에서 배우다   207
조물주 위에 건물주   211
추억으로 남은 학창 시절   215
훈훈한 봄 향기   219

PART_1 행복한 삶

새 생명의 탄생

앙상했던 나무가 새순이 나와 숲을 이루고 있는 것을 보니 매일이 새롭고 기다려지고 보내기가 싫어진다. 우리모두 변화의 흐름에 순응하면서 살아야 되겠다는 생각을 해본다. 오월은 나에게는 또 다른 기쁨과 행복을 주는 달인 것 같다. 둘째 딸이 딸과, 아들이 있는데도 불구하고 셋째 딸을 낳았다. 이 기쁨을 주기 위하여 그 동안 참고 견디어 오면서 한 수고가 너무 고맙다는 말을 하고 싶다.

지금의 우리나라 현실을 보면 매년 출산율이 떨어져서 국가의 존립에도 크나큰 영향을 미치고 있으며 일부 지역은 출산장려를 위하여 고액의 출산장려금을 주는 지방자치단체도 있으며, 또한 이를 극복하기 위하여 이민청을 만들어 외국인들을 유입하고자 하는 정책도 추진 중이다. 이런 가운데 하나도 아닌 셋까지 낳아서 국가 정책에 기여하는 딸아이를 보면서 기특하기도 하고 한편으로는 안쓰럽기도 하다.

지난해 추석을 2주 앞두고 사위가 지나가는 말로 희진이(딸)가 아이를 더 갖고 싶다는 말을 했지만 크게 의미를 두지를 않고 들었는데, 아이가 두명이나 있는데 뭐가 아쉬워 더 낳을 필요가 있을까 하는 생각으로 받아 들였다. 그 뒤 추석명절 때 딸로부터 임신이 9주가 되었다는 말을 들었다. 처음에는 아니었으면 하는 마음이었으나 당연한 것처럼 말을 하니 인정을 안 할 수가 없어 들어만 주고, 딸아이에 대한 생각에 걱정이 앞섰다.

아이가 하나 더 있으면 나의 생활이 그만큼 줄어들어 즐길 수 있는 시간이 짧다. 또한 아이 양육에 들어가는 비용을 생각하니 걱정도 들었던 것 또한 사실이다. 그래서 부모로서 딸을 위한 애정 어린 마음을 담아 충언을 하였고, 살면서 지금은 경제적인 생활에 걱정이 없지만 앞으로 살다 보면 굴곡이 있을 수도 있으니 그런 것도 고려가 되어야 되고 또 지금의 직업을 포기하지 말고 복직을 해야 된다는 말과 또 사위 사업이 항상 잘된다는 보장도 없다는 등에 대하여 현실성 있게 말을 해주었다.

가정의 달 5월이 가고 있다.

세상의 가장 기본인 것은 가정, 그런데 우리는 종종 가정의 소중함을 잊고 산다. 마치 공기의 소중함을 잊고 살 듯이. 보통사람의 하루는 스물네 시간이지만 전업주부의 하루는 스물다섯 시간이라고 한다. 해도 해도 끝이 없는 가사의 굴레에서 벗어나 며칠쯤은 파업을 하고 싶다고 한다. 고장 난 곰 인형처럼, 북소리를 멈추고 처녀림 새처럼 날아올라 꿈꾸고 싶다고 한다. 가사노동을 당연한 것으로 여기고 연못에 묶인 거울 같은 그 외로움을 잊고 산다. 내 아내도 내 엄마도 여자 인 것을. 파업을 인정하고 받아들이자.

어렸을 때 딸아이를 생각해본다. 유치원 때에는 그림을 잘 그려서 동화책 등을 선물로 받아 자랑스러웠고 그때만 해도 할머니가 살아계서서 하는 말로 이렇게 예쁜 손녀를 아까워서 어떻게 시집을 보낼까 라는 식으로 아끼고 많은 사랑을 해주셨다. 중. 고등학교, 대학에서도 이 지역에서는 명문학교라고 들을 정도인 곳에서 공부를 하여 기대치는 못 미치나 지금은 지방공무원으로 재직 중에 출산을 하였다. 부모에게 큰 부담도 주지 않고 스스로 노력해서 좋은 짝을 만나 열심히 살고 있는 모습이 너무 아름답고 보기가 좋다.

인간은 부모를 골라서 태어날 수가 없다. 나만의 인생이고 팔자라고 생각하며 마음 편하게 사는 게 나을지도 모른다. 한번 태어난 인생 스스로 만들어 가면서 누구의 탓도 하지 말고 모든 것은 내 운명으로 받아 들이며 살자. 가족애가 남다른 딸아이의 가정을 보면서 요즘 시류에 맞지는 않지만 그래도 남달리 잘 사는 모습이 부모로서는 흡족하고 보람스럽다는 생각이 든다. 우리의 가족이 드디어 10명으로 늘어 났으니 이 얼마나 기쁘고 축하해야 할일 인지 나 자신을 보며 스스로 위안을 삼아본다.

잠시 나의 어린 시절도 생각해 보았다.

부모님께서 아들 딸을 여럿을 낳았으나 모두다 실패를 하고 급기야 이사까지 가면서 어렵게 얻은 게 자식이 아니었던가. 그렇게 무녀 독남(無女獨男)으로 살아오면서 많은 외로움과 서러움도 받았으며 특히 어렸던 시절에는 명절 때나 집안의 크고 작은 일이 있을 때는 형제자매가 없이 혼자 있는 게 정말 싫었다. 이웃집에서는 시끌벅적 하는데 우리 집은 누구 하나 오고 갈 사람이 없으니 더 남다르게 마음고생도 하였다.

온고지신이라는 말처럼 옛날을 생각하면서 지금을 보니 지나온 세월의 흔적이 나에게 많은 변화와 새로움을 맞이하게 되어 더 없는 행복함을 느끼게 된다.

한 생명의 시작과 탄생, 그 비밀과 신비로움을 어찌 이해하며 나의 우둔한 말로 설명할 수 있겠는가, 전도자의 말처럼 바람의 길이 어디로부터인지 알지 못함 같이 나의 태에서 뼈가 어떻게 자라는지 나는 알지 못한다. 그러나 나는 경험했고 새벽 이슬 같이 새롭게 태어난 딸이 내 앞에 있다. 출산한 내가 이 땅에서 이루어낸 가장 크고 위대한 일이다.

"참을 수가 없도록 이 가슴이 아파도 여자이기 때문에 말 한마디 못하고 헤아릴 수 없는 설움 혼자 지닌채고달픈 인생길을 허덕이면서 아 참아야 한다기에 눈물로 보냅니다 여자의 일생 견딜 수가 없도록 외로워도 슬퍼도 여자이기 때문에 참아야만 한다고 내 스스로 내 마음을 달래어가네 비탈진 인생길을 허덕이면서 아 참아야 한다기에 눈물로 보냅니다 여자의 일생……"

-<여자의 일생>노래. 이미자

고르지 않은 삶

 오른손이 없는 젊은 여성을 봤다. 매일 아침 운동을 하면서 스스로 몸 관리를 하는 것 같다. 보여지는 모습은 30대 중반으로 훤칠한 키에 잘 가꾸어진 미모가 돋보였다. 무슨 사연으로 한쪽 팔을 잃었는지는 모르지만 보는 이의 마음이 씁쓸하다. 장애라는 것은 얻고자 해서 얻는 게 아니다. 선천적으로 태어나거나, 아니면 요즈음 흔한 교통사고 질병 등으로 수술을 받는 경우 장애 진단을 받을 수 있다. 나도 질병으로 10년 전 관절 수술을 받아서 장애 등급을 받았다 수술 후 외부로 드러나지는 않아 생활하는 데 크게 영향이 없으니 겉으로 봐서는 정상인이라고 본다. 그러나 신체의 한 부분이 없거나 행동하는 데 불편을 주는 것은 누가 봐도 쉽게 장애가 있다는 것을 알 수가 있다.
 지난해의 기준으로 국내 등록 장애인 수가 265만 명으로 전체인구의 5.2% 수준에 이르고 있는 실정, 이런 현실을 보면서 장애인에 대한 인식도 많이 바뀌어야 하고 아낌없는 지원도 필요하지 않을까. 장애인을 위해 노력을 하고 있지만, 현실은 미흡한 부분이 많은 것이 사실, 누구나 건강하길 바라고 그렇게 살고 싶겠지만 자신의 의지와 상관없이 장애를 입는 경우가 있으니 정말 가슴 아픈 일, 이런 장애를 극복하기 위해서 스스로 노력을 해야 하지만 사회 안전망도 그에 걸맞게 지원이 되어야 하지 않을까.

주변에서 흔히 보는 휠체어에 의지해서 다니는 분, 목발에 의지해서 걷는 분, 절뚝거리면서 걷는 분을 보면 안타까운 마음이 들어, 남의 일이 아니라는 생각이 든다. 장애라는 것을 인지하면서 열심히 살아가는 모습을 보면 조금이나마 위안이 되지만 안타까운 마음은 나만의 생각일까?

최근에 친구가 오른쪽 무릎관절에 문제가 있어서 줄기세포 수술을 받았다고 한다. 그 동안 열심히 살다 보니 지금은 그에 대한 댓가를 치르는 것이 아닌가 생각해 본다. 나이가 있다 보니 세월이 가면 갈수록 하나 둘 병만 늘어 나이든 사람의 마음을 아프게 하고 있다. 나의 고관절 수술을 받는 과정도 힘이 많이 들었고 수술 후 약 3개월동안 목발에 의지해 수술 부위가 움직임이 없이 재활 치료를 받아야 회복이 된다면서 너무 힘이 들었다는 말을 했다, 이런 모습을 보며 건강 이란 그 누구도 장담 할 수가 없는 것이라 생각하며 속히 회복되어 건강한 모습으로 보았으면 하는 마음 뿐이다.

나 역시 장애인으로서 살고 있다 보니 힘들고 어렵게 하루하루를 견디며 사는 장애우들이 가장 마음이 쓰인다. 그중에서도 인정하고 열심히 사는 분들을 보면 존경스럽고 현실 생활영역에서 장애를 이유로 한 차별을 금지하고 장애를 이유로 차별받은 사람의 권익을 효과적으로 보호함으로써 장애인의 완전한 사회 참여와 평등권 실현을 통하여 인간으로서의 존엄과 가치를 구현해야 하지 않을까?

　삶이란 자기만의 길을 내는 것이라고 한다. 포기하지 않고 좌절하지 않고 비록 느리고 더딜지라도 말이다. 지금의 현실이 나를 옥죄어 온다고 해도 굴하지 않고 당당한 모습으로 살았으면 한다.

　나이가 많고 적음을 떠나서 "건강을 잃으면 모든 것을 잃는다"라는 말을 다시 한번 확인 시켜주는 것 같다. 우리네 삶에 마지막 승자는 건강이라고 하듯이 그 누구라도 주어진 환경과 여건에서 자기 몸 관리를 잘하여 건강한 노후를 보낼 수 있기를 소망해 본다.

발의 소중함

오늘도 맨발 걷기로 하루를 시작하였다. 건강에 좋다는 이유만으로 생각 없이 무리하게 걷다가 오른쪽 네 번째 발바닥이 벗겨져 밴드를 붙이고 다니는 어려움도 있었으나 무사히 극복하여 지금은 자연스럽게 걸을 수 있는 상태가 되었다. 혹시라도 모를 사고를 대비해서 파상풍 예방접종도 하여 무리하지 않으면 걷는 데 큰 문제가 없을 것 같아서 약 한 시간 정도 걷는데 하루하루가 나에게는 새로움으로 다가오는 것 같고 전신운동을 하는 그런 느낌을 받는다.

처음 시작한 동기는 올해 7월에 KBS에서 생로병사라는 시사 교양프로그램을 보고 시작을 한 계기가 되었다. 그동안에는 매일 아침 공원을 한 시간 정도 걸었는데, 가고 오는 길에 맨발로 걷는 분들을 보면서 호기심이 생겼고 맨발로 걷는 사람들이 다양하게 남녀노소 할 것 없이 걷기를 운동으로 즐기고 있었다, 특히 어떤 분은 오른발 수술을 하여 불편한데도 인공으로 만든 신발을 신고 한 발로 걷는 모습을 보면서 건강을 지키고자 하는 간절한 마음을 알 수 있었다.

나 또한 어깨 수술을 받아서 지금은 회복기에 있는데 걷는 데는 다소 불편하지만 그래도 꾸준하게 걷다 보니 회복이 잘 되고 있음을 느껴 불면증과 머리아픔 등도 좋아지고 다른 운동도 있지만, 나에게는 꼭 필요한 것 같다.

모든 신경이 발바닥을 통하다 보니 혈액순환이 잘 되어서 좋아지는 것으로 본다.

인간이 맨발로 태어나지 않았는가? 어렸을 때는 나무 신발 또는 고무신이나 신고 그것도 없으면 짚신이나 맨발로도 다녔고, 심할 때는 고무신을 꿰매 신기도 하였다. 지금은 살기 좋은 세상이 되어 양말을 신고 구두나 운동화 또는 슬리퍼 등을 이용하며 여성들은 멋을 부리려고 굽이 높은 신발을 신고 다닌다. 하지만 지나치게 발을 보호하는 것도 있고 혹사하는 부분도 있다.

맨발 걷기가 그럴듯하게 들리는 이유가 있다. 옛날에는 신발을 신지 않고 다녔는데 현대는 신발을 신고 있어서 땅의 기운을 받지 못한다, 그래서 몸이 아프고 만성질환 등에 노출되어 병원 신세를 지며 산다는 얘기가 나오는 것 아닌가. 흙의 자유전자가 몸으로 들어와 활성산소를 중화시켜 항산화 활동을 한다면서 지금 아픈 것은 땅과 멀어진 결과라고 말한다. 맨발로 걷는 모습을 낯설게 보는 주변의 눈치를 보기도 하였으나 무시했다 혹시, 깨진 병 조각이나 뾰족한 돌에 부딪히지는 않을까 조심하며 걸었다.

처음의 느낌은 발바닥에 전해지는 땅과 체온의 온도 차였다. 비가 내린 다음 날은 촉촉하고 부드러움도 있고, 점차 낮에 햇빛과 중력의 작용으로 대지에 수분이 줄어들면서 느낌이 감소한다, 한

동안 비가 내리지 않고 햇빛이 드는 땅을 걷다 보면 먼지도 나고 딱딱하기에 기분이 덜한 때도 있다.

이런 현상은 여름철 바닷가 백사장을 생각하면 이해가 빠를 것 같다. 태양 빛이 쨍쨍 내리쬐는 마른 모래사장은 맨발로 걷지 못한다, 왜냐하면 수분이 빠져있는 상태로 모래가 뜨거워졌기 때문이다, 맨발로 땅에 닿을 때 전해진다는 신비함으로 포장된 무언가는 지구의 자력도 아니고 땅의 기운도 아니다.

한 노부부가 맨발 걷기로 산을 걷는다며 남편의 혈색도 좋아지고, 담배도 줄고 자신도 잠을 잘 자고 있다며 좋아한다, 그간 불면증으로 이런저런 건강식품 등을 먹어봤다며 별 효과를 보지 못했는데 정말 기뻐하는 모습이었다, 그 후 몇 달의 시간이 지나 안 좋은 소식이 들렸다 남편이 추운 겨울에 맨발 걷기 하다가 그만 동상에 걸렸다는 얘기였다, 그 후 맨발 걷기는 중단되었고 담배가 늘고 예전으로 되돌아간 것 같다는 안타까운 소식에 한쪽 가슴이 찡해 왔다.

누구나 다 좋은 것만은 아니다 자기 몸에 맞게 시작해야지 무리하지는 말아야 할 것이다. 우리는 자연과 연결된 생활이 건강에 이롭다는 사실은 다 알고 있으면서, 맨발 걷기가 가져다주는 기대효과가 단지 맨발로만 걷는다고 해서 얻어지는 게 아니다 공기, 물, 햇빛, 땅이라는 자연의 조화가 이루어질 때 우리는 자연의 혜택을 누릴 수 있으며, 이는 자연면역으로 이어지고 감염병 및 현대병 질환이 많아 이를 대항할 수 있는 백신에 비할 수 없는 든든한 우군이라 생각된다.

우리의 질병은 평소 생활 습관이 하나하나 모여 나타난다. 비만, 고혈압, 당뇨, 심뇌혈관, 암 등은 어느 순간 갑자기 생기는 질병이 아니다 내 몸이 보내는 신호를 무시한 것이 오랫동안 축적되면서 나타난 결과이고, 건강수명을 연장하는 핵심 5가지는 좋은 음식과 무리하지 않는 운동, 적절한 수면, 원활한 배출 및 마음 관리에 있다고 하겠다.

화창한 날 밖에서 맨발 걷기는 신선한 공기와 햇빛의 혜택을 누리고 몸을 움직이기 때문에 당연히 몸에 이롭다, 자연의 이치에 부합하는 행동으로 얻게 되는 건강이다.

단지 맨발 걷기 하나만으로 건강해진다는 과신과 과대 포장은 주의가 필요하다고 생각되며 맨발 걷기는 건강관리 방법의 하나일 뿐, 너무 맹신하거나 강요해서도 안 될 일이 아닐까?

나의 인생길을 찾다

근무하면서 잠깐씩 시간을 내어 인근에 있는 평생교육원에서 글쓰기 공부를 하였다. 자신을 알아가고 내가 누구인지를 조금이나마 아는데 감성 글쓰기가 많은 역할을 했으며 그것을 계기로 하여 나를 찾는 글쓰기 동아리에도 합류할 수 있었다. 감성 글쓰기는 매주 1회 수업을 하고 동아리는 매월 2번 만나고서 각자 써온 글을 읽으면서 퇴고도 하고 간식도 먹으면서 지금까지 이어져 오고 있다.

또 시간이 되는 동료들과는 문학기행 등도 하면서 견문도 넓히고, 항상 변함없이 수고해주는 회장님께 고마운 마음이 솟는 걸 무슨 말로 표현할까. 배움을 위하여 목말라하고 열정으로 함께 하는 여러분들이 있어서 이렇게 운영이 되고 공부하시는 분 중에 언제나 동행, 서로의 입장을 헤아려 주는 홍 사장님이 있어서 같은 남자로서 많은 의지가 되고 도움을 주고받으면서 공부를 할 수 있어서 참 좋았다.

글쓰기가 처음이다 보니 쓰는 것 자체가 부담스러운데다 매주 한편씩 써오라고 주제까지 주어서 글을 써가는데 자신은 잘 썼다고 하지만 그게 전부는 아닌 것 같다. 동료들과 지도 선생님을 의식도 하여 써야 하기에 그런 것을 견디는 게 많이 힘들었다. 쓰는 것이 좋아서 하시는 분들은 있겠지만 실제로 글쓰기를 위해서 하는 건지는 잘 모르겠지만 지도 선생님의 열강에도 불구하고 함께 하는 사람이 그리 많지 않다는 게 다소 아쉬움으로 남는다. 글이란 강요로, 또 누가 하라고 해서 되는 것이 아니라 자신만의 의지와 목적이 뒷받침되어야만 가능하다는 것도 알았다.

　빨리 갈려면 혼자 가고 멀리 갈려면 함께 가라는 말처럼 무슨 일이든 혼자 하게 되면 지루하기도 하고 작심삼일이라고 하듯이 용두사미의 현상이 생긴다. 그래서 함께 모여서 서로의 글을 공유도 하고 또한 읽으면서 부족한 부분은 고쳐 가면서, 힘들지만 그런 과정을 통하여 글쓰기가 완성되어가는 것 같다.

　낯선 사람이지만 순수한 마음으로 가는 길이 같다면 그 누구라도 같이 가는 게 많은 힘이 되고 의지가 되며 다소 어려움이 있었다면 수업을 하면서 자신이 한편의 글을 정성껏 써갔는데 모든 사람 앞에서 읽고, 동료와 지도 선생님의 퇴고 과정을 통해야 하는 부담이 있었다. 처음에는 아주 어색하고 불안감도 들었으나 퇴고의 과정을 통하여 조금씩이나마 글이란 무엇인지 어떻게 써야 하는지도 알게 되어 완전한 글쟁이는 아니지만 그래도 자신만의 확실한 목표가 있다 보니 나의 몸으로 채화되어가는 것을 느꼈다.

　글쓰기를 실내에서만 하는 게 아니고 야외 학습도 하고 장소도 이동하면서 하니까 분위기의 반전도 되고 재미도 있지만, 이곳에서 한 시간 이상 소요되는 가평에 있는 곳으로 동아리 회장이 운영하는 음식점으로 이동, 한적하고 모처럼 외부에서 보는 동료들의 모습이 새롭게 보였고 그 자리에서 맛있는 음식도 먹으면서 각자 준비한 글을 소개하기도 하여 글쓰기 공부를 하는데 적지 않은 도움이 되었다.

바로 옆에 있는 호명호수 둘레 길을 걸으면서 또 다른 세계를 온 것 같은 기분이 들었다. 우리를 반겨주기라도 하듯이 비가 내렸지만 둘레 길을 걷는 데는 큰 어려움 없이 모처럼 힐링도 하고 마음에 양식을 듬뿍 취하고 오니 흐뭇함이 절로 솟아나는걸… 감성 글쓰기와 동아리는 명칭은 다르지만 거의 같은 사람들로 구성이 되었기에 만남 자체가 같은 길을 가서 그런지 어색하지 않았지만 그래도 동아리가 더 편하게 와 닿았다.

짧은 기간이었지만 감성 글쓰기와 동아리 활동을 하면서 통권 3권째에 나도 합류해서 내 글을 게재할 수 있어 나름 보람도 느꼈다. 잘 쓰든 못쓰든 자신의 이름이 올려 있다는 것은 앞으로 계기가 된듯함에 시야가 탁 트이는 듯하다.

하루아침에 모든 걸 다 이룰 수가 없으니 조금씩이나마 이렇게라도 하다 보면 머지않아 나의 목표가 이루어지겠지! 글쓰기는 차이를 드러내는 행위이며 원활한 의사소통을 전제로 쓴다고 본다. 지금은 부족하고 미흡하지만 포기하지 않고 꾸준히 아낌없는 노력을 하면 나 자신 작가가 되는 꿈도 이루어지지 않을까?

남을 위하는 마음

　공원에서 쓰레기 수거 봉사하는 사람을 보았다. 매일 같은 시간에 청소원 복장을 하고 쓰레기봉투와 집게를 들고 여기저기 흩어져 있는 휴지, 빈 병, 먹다 남은 음식쓰레기, 담배꽁초 등을 주우면서도 언제 봐도 웃는 모습으로 반기면서 자주는 못 봐도 가끔 보는데 반갑게 대해 주는 게 너무도 자연스러웠다.
　우리에게 이런 사람들이 있어서 그나마 지금의 행복한 삶을 누리고 있지 않나 생각해 보게 된다. 누구라도 할 수는 있지만, 자신만의 투철한 사명감과 봉사 정신이 있어야 할 수 있는 일이며 많은 사람이 오고 가는 곳을 청결하게 해 주어 상쾌한 기분으로 공원 나들이를 할 수 있게 해 주어 정말 감사한 마음이 든다.
　가을이 계곡을 타고 내려와 자리를 잡았건만 아직도 한낮에는 무더움을 느끼는 날들이 많아 환절기의 건강관리도 그 무엇보다 중요하며, 농부들은 수확을 앞두고 있어서 더없이 좋은 날씨로 그동안의 수고한 노력이 헛되지 않기를 바라며 김형석 교수는 '진지하게 공부하고 일하는 사람은 성장을 멈추지 않는다'라고 하였다.
　누가 알아주던 그렇지 않던 스스로 봉사하는 사람은 성장의 끈을 놓지 않는 사람이 아닐까?

　그 넓은 공원과 하천 변의 청결과 공원을 찾는 이들의 미관을 위해서 노력하는 분에게 격려의 손뼉을 치고 싶다. 자신도 가끔 보면서 수고하신다는 말을 건네곤 한다. 하지만 내가 못 한다는 게 부끄럽고 언젠가는 할 수 있었으면 한다.

　일상의 삶이 쌓여서 하나의 역사가 되지 않는가! 작은 일이라도 정성을 다하면 그런 삶이 곧 가치 있고 행복한 삶이겠지요? 가을 하늘 위에 아름다운 사랑의 날들이 나에게 되어 준다면 큰 선물이 되어 훨훨 푸른 하늘을 날아가고 싶다. 쌓여 가는 가을 낙엽을 밟으면서 걷는 나그네들의 마음도 여유로움으로 채워지기를 바랍니다.

　남을 배려하는 마음은 어려서부터, 생활을 통하여 기르도록 해야 한다. 내가 어렸을 때 어른들은 세수수건을 쓸 때도 다른 식구를 배려하여 한쪽 자락만 쓰라고 하였고, 상위에 놓은 생선을 먹을 때에도 다른 사람을 생각해 한쪽 부위만 먹으라고 하고, 그리고 학교에서 복도를 지나다닐 때는 좌측 통행을 하고, 줄을 서서 다니라고 가르치고 훈련을 하였다. 그런데 요즈음 어른들은 자녀들에게 이런 것을 가르치기보다는 자기만을 생각하고 행동하도록 가르친다. 그래서 왕자병과 공주병에 걸린 아이들을 길러내고 있다.

　이렇게 자란 어린이는 어른이 된 뒤에도 자기만을 생각하는 이기적이고 독선적인 사람이 되는 건 뻔한 일이다. 그래서 자기의 이익을 위하여는 질서를 무시하는 행동을 쉽게 하게 되고, 심할 때는 범죄 행위도 서슴지 않게 된다.

남을 배려하는 마음은 가정에서 부모가 가르침은 물론이고, 유치원·초·중·고교에서 교육과정에 넣어서 가르치고 훈련해야 하며, 그래서 남의 처지나 형편을 헤아려 행동하는 사람, 질서를 잘 지키는 사람으로 길러내야 하고 남을 배려하는 마음을 가진 사람이 많은 사회는 서로를 존중하는 사회, 질서가 잘 지켜지는 사회가 될 것이다. 이런 사회가 구현(具現)되기를 기대한다.

우리는 살아가면서 많은 사람과 만난다. 그러면서 속으로 싫은 사람, 좋은 사람으로 나눠보기도 하고 함께 하기 싫은 사람, 함께 하고 싶은 사람으로 나누기도 한다. 그랬을 경우 우리가 호감이 가고 함께 하고 싶은 사람은 항상 나보다 남을 먼저 배려해 주는 사람이 아닌가 싶다. 자기가 좀 불편하더라도 참을 줄 아는 사람, 적어도 고통이나 손해를 분담할 줄 아는 사람을 우리는 좋아한다. 나의 입장도 중요하겠지만 살다 보면 남의 입장도 중요하다는 걸 깨달아야 하는데 나의 주장만 내세우다 보니 이기주의에 흐르게 되고, 내게 작은 손해가 와도 상대방에게 섭섭한 마음을 가지는 건 당연한 일이다.

사람은 세 종류의 유형이 있다고 한다. 즉 남에게 도움을 주는 사람, 남에게 손해도 피해도 주지 않는 사람, 남에게 피해만 주는 사람, 남에게 도움은 주지 못할지언정 최소한 피해는 주지 않으면서 살아야 하지 않겠는가? 설령 출세욕이 있더라도 남을 딛고 올라서서 출세하려 하지 말고, 최소한 자기 노력으로 출세를 해야겠다는 마음가짐부터 가져야 한다.

나만 생각할 것이 아니라, 적어도 남의 처지도 이해하고, 배려하는 마음을 가지고 살 때, 우리 사회는 아름답고 서로를 신뢰할 수 있는 믿음의 사회가 되지 않겠는가! '남을 위한다.' '도와준다.' '배려한다.'

　나는 그동안 이런 생각을 못 하고 살았다. 그래서 그렇게 남을 위하는 사람을 보면 대단하다는 생각이 든다. 마음이 긍정적이고 밝은 사람으로 변하려고 노력을 한다. 아직은 많이 부족하지만 앞으로 더 노력해서 나보다 남을 더 위할 줄 아는 그런 넓은 마음을 가진 사람이 되고 싶다.

눈 속에서 피는 꽃

　지난 시절 어느 때인가 우연한 기회에 한 지인을 알게 되어 함께 술잔을 비우며 서로의 인생사를 논했던 적이 있다. 그는 무언가 일상에서 벗어난 듯한 묘한 느낌을 받게 하기도 하고, 한편 설레는 뜻밖의 대화도 함에 난 묘한 흥분과 기대를 하며 오늘 다시 한번 그 친구를 만나러 휜 눈 속을 뚫고 걸어가고 있다.
　하얀 설경이 온 대지를 덮어 모든 세상을 깨끗하게 씻어놓은 듯, 한 폭의 그림으로 다가온 지금 계절의 변화가 이렇게 달라짐이 신기하며 자연의 오묘한 조화에 새삼 경이로움을 느낀다. 지인과 만나기로 한 목적지를 향해 눈길을 걸어가면서 때론 미끄러지기도 하였고 뽀드득하는 소리에 마음은 저 멀리 어린 시절로 돌아간 느낌이 든다, 눈사람도 만들었고 눈썰매도 탔고 마을이 산속에 있어서 새 덫으로 산새도 잡으며 놀았지, 지금도 그 시절이 아련히 떠오른다.
　약 6개월 만에 만나기로 한 친구를 보기 위해서 가는 기분이 약간의 설렘과 기대가 되기도 하며 처음 봤을 때와 지금의 모습은 어떤지 하는 궁금함이 생겨 살짝 긴장도 된다. 엄동설한이기에 추위야 하지만 포근함으로 온 마음을 휘감아 따뜻함으로 추위를 달래주는 날씨가 고맙기만 하다.

　새 밑이라 그런지 주변의 사람들도 총총걸음으로 바쁘게 가는 모습과 도로에 쌓인 눈을 밟고 지나가는 차들을 바라보면서 며칠 안 남은 날들이 자신을 잠시 뒤돌아본다. 그동안 참 열심히 살아왔노라고 위로도 해보았다, 조금은 아쉽지만 그래도 지금 이런 나의 현실에 감사하다고 생각하며 주변을 보니 쌓인 눈으로 금방이라도 넘어질 것 같아 호주머니에 넣었던 손을 빼고 걸었다.

　그동안 몇 차례 보려고 했지만, 서로가 여의찮아 한 해를 보내는 길목에서 만나는 게 그래도 아쉬움이 없을 것 같아 시간을 낸 것인데 과연 어떤 모습으로 나에게 비칠까 하는 궁금증으로 기다리던 중 드디어 눈처럼 하얀 점퍼 차림과 곱게 단장한 모습으로 밝게 웃으며 반긴다, 언제나 변함없는 그만의 태도였고, 항상 환하게 대해 주는 그는 나에게는 하늘이 준 선물 같았다, 인연은 하늘이 만들어 주지만 관계는 서로 노력을 하라고 하듯이 이런 게 그런 모습이 아닌가 하는 생각도 했다.

　운명이란 그 누구도 비껴갈 수가 없듯이 보여 주는 부분은 아름답고 행복하게 보이지만 마음만은 보여 주기 싫은 것이 있다, 한잔 두잔 술을 마시다 보니 그동안의 말 못 할 사연들이 하나둘 쏟아지고 질곡 진 그만의 사연과 마음에 울림, 그리고 아쉬움을 주기에 충분하였다 그렇게 마음고생하면서 지금 이렇게 당당하고 화려하게 사는 모습이 너무 아름답고 행복해 보였다.

　성경 말씀에도 우리가 살면 70이요. 강건하면 80이라고 한 구절이 있다. 그러나 지금은 그 말도 옛말이 되었고 우린 이미 100세 시대를 바라보며 살고 있지 않은가! 젊음과 패기로 넘치는 삶을 살아야 했는데 그에게는 한때나마 어두움의 그늘에서 허덕이고 있었으며 그 많은 사람 중에서 왜 그에게만 이런 마음에 고통과 어려움을 주었는지 하늘도 무심하다는 생각도 들었다.

30대 초반에 어쩔 수 없이 혼자가 되어 약 이십 년 동안 아들 둘을 뒷바라지하며 잘 키워 지금은 어엿한 청년이 되어 있는 아이들을 보며 큰 위안으로 삼았지만, 그것도 잠시, 최근 3년 전에는 생계를 위하여 온 정성을 다하면서 운영을 하던 식당에서 불이 나 공교롭게도 그 친구만 심한 연기에 질식으로 병원으로 후송이 되어 생사의 기로에 섰던 적도 있었다니 참 기구한 삶이었구나, 라는 생각에 눈시울이 붉어졌다.

그 자신은 어렵고 힘든 나를 왜 이렇게 힘들게 할까 많은 생각도 했으나 어떻게든 살아야 하겠다는 마음뿐이었다. 이런 상태면 폐가 망가져 거의 살 수가 없는데, 지인 덕분에 국내에 4개소밖에 없는 심폐 수술을 할 수 있는 병원으로 갈 수가 있었다. 지금은 "회복이 잘 되어 많은 욕심 없이 주어진 삶을 멋있게 만들어가며 사는 자신이 너무 자랑스럽다"라고 말하는 그가 대견하다고 생각하면서 그가 사는 모습이 내 가슴 깊이 각인됐다.

세상에서 모든 것을 잃어도 잃지 않고 간직했던 하나가 그대이고
세상에서 모든 것을 간직해도 간직하지 못한 하나가 그대입니다.
그런 그대를 오늘도 마음으로 그리며 행여나 찾아올까 봐 창을 열고
차가운 겨울바람이 부는 창밖을 바라보며 하얀 눈 쌓이듯
사랑이 가슴에 가득 쌓이는 하루를 가슴으로 품어본다.

사랑은 오래 참고 사랑은 온유하며 시기하지 아니하며
사랑은 자랑하지 아니하며 교만하지 아니하며
무례히 행하지 아니하며 자기의 유익을 구하지 아니하며
성내지 아니하며 악한 것을 생각하지 아니하며
불의를 기뻐하지 아니하며 진리와 함께 기뻐하고
모든 것을 참으며 모든 것을 믿으며 모든 것을 바라며
모든 것을 견디느니라.

문학인으로서의 자긍심

사월의 마지막 주말… 이른 아침부터 비가 주적주적 내리는 것을 마다하지 않고 버스를 탔다. 안산 문인협회에서 매년 이어지는 행사인 문학기행을 떠나는 날이다. 나는 새내기 회원으로 모든 부분이 다 어색하고 불편함으로 다가왔다. 한두 사람을 제외하고는 처음 대하는 얼굴들이기에 부담스럽기도 하고 서먹함을 감출 수가 없다. 비가 내려서 그런지 차내의 분위기도 썰렁하여 가는 이의 마음에 착잡함도 느끼게 한다.

목적지는 태안 세계 튤립 박람회, 심훈 기념관, 로드 1950 카페로 처음으로 가는 곳이라 궁금증에 기대가 되었다. 잘 준비한 집행부의 진행에 따라서 참석한 임원들과 처음으로 참석한 회원들의 소개를 하였다. 이어서 문인협회에 많은 역할을 하신 두 분께서 멋진 시 낭송까지 하여 그나마 가까이 다가갈 수 있었다. 나도 처음이라 소개를 했다. 내 소개를 잘했다고 선물도 받았다. 평소에 하던 대로 했는데 예상외의 반응에 돋보였다는 생각이 들어 기분이 좋았다.

지루하게 가는 것을 벗어나기 위해 차내에서 문학팀과 기행팀으로 나누어 팀대결을 시켰는데, 뜻밖에 내가 기행팀 팀장이 되었다. 알지도 못하는데 팀장이라니 처음에는 못할 것 같았는데 완장을 차서 그런지 몰라도 나름 열심히 팀을 위해서 성과를 내다보니 결과는 문학팀의 승리였으나 내용 면에서는 기행팀이 잘한듯하다. 이런 놀이를 즐기면서 가다 보니 지루함도 훨씬 덜했고 또 재미가 있어 흥겨운 시간이었다.

예상보다 조금 늦게 도착하여 태안에서 유명한 게국지로 허기를 달래고 이어서 도착한 대한민국 화훼 랜드마크! 천혜의 자연경관을 갖춘 튤립꽃박람회장은 꽃들로 물들여 있어 새로운 신천지를 오기라도 한 것 같다. 많은 인파에 휩싸여 마음의 창으로만 한 아름 담고 다음으로 간 곳은 심훈 기념관, 상록수의 저자이기에 더욱더 궁금하였고 그분의 삶을 몰랐는데 드디어 오늘에야 제대로 알게 된 거 같아 나름 만족하며 한평생을 나라를 위해 보냈다는 것도 새삼 알게 되었으며 삼십육 세의 젊은 나이에 세상과 이별을 하여 많은 아쉬움이 남는다.

주변의 시설로 필경사, 상록수 문화관, 심재영의 고택 등도 눈길을 끌었다.

문학으로 독립운동을 펼친 심훈, 심훈의 일생 사, 3.1운동 참여와 수감, 좌절과 극복, 언론인의 심훈, 문학인 그리고 영화인, 상록수의 시간 등과 정신에 대하여 전문 해설사에게서 자세히 들어 유익한 시간이었다. 특히 선생님께서 쓰신 "그날이 오면"이라는 시집을 보면서 그때의 활동상이 나의 뇌리에 떠올라 감동이었다. 마지막으로 당진의 핫플레스로 떠오르고 있는 로드 1950 카페 간판 글씨가 거꾸로 되어 있어 조금 어설프게 보였으나 많은 인파가 몰리는 것을 보니 이곳의 명소라는 것을 직감할 수가 있었다.

좀 더 가까이 가서 보니 여기가 당진인가? 마치 LA에 있는 할리우드라는 생각이 들 정도로 겉모습이 멋지게 보인다. 곳곳에 영화의 한 장면을 재현해 놓은 듯하여 할리우드로 미국 서부의 감성을 느낄 수 있고 현장에 설치된 여러 가지 소품들과 조형물 그리고 실제 사용되었던 과거의 자동차들이 방문객의 눈길을 사로잡았다. 모형 야자수와 바다를 배경으로 인생의 한 컷을 만들 수 있는 포토존이 여러 군데 있어서 그냥 지나칠 수가 없었다.

로드 1950은 카페답게 휴스턴, 콜로라도, 로스엔젤레스, 라스베이거스 등의 이정표가 곳곳에 세워져 있어 더욱더 이국적인 느낌과 감성을 자아내었다. 미국의 자동차 번호판들이 장식되어 빈티지 커피잔을 들고 있는 로고는 더욱더 미국다운 감성과 기억을 떠오르게 하였다.

문학인들은 자신들이 가장 자연스럽고 익숙한 틀을 통해 인간의 희로애락을 담아내는 전문가들이며, 이들은 언어를 통해 인간의 감성을 자극하여 가능한 현실이라고 느끼는 틀로 담아내는 허구의 생산자들이 허구로 인해 우리는 행복을 느낄 뿐 아니라, 쉼과 치유를 경험하는 기회를 독자들은 즐기는 것 아닌가?

그러므로 인간은 단순히 빵과 실증적인 감각과 더불어 그것을 넘어서는 무언가를 사용함으로써 물질로 만족할 수 없는 인간 자신들의 내용을 채워가는 것이다. "인간은 상상한다. 고로 존재한다"라는 말로 문학인으로서 나만의 각오를 다져 보는 시간이 되었다.

오늘의 문학기행을 보면서 자주 있는 것은 아니지만 기회가 있으면 빠짐없이 참석을 해야 하겠다는 다짐도 하면서, 문학인으로서 산다는 것이 너무 행복하고 뿌듯함을 느낀 하루였다.

배움의 소중함

정말 오랜만에 2일이라는 시간을 정해서 위험성 평가라는 교육을 받았다. 정리하면 하루 8시간 기준 총 16시간을 받은 것이다, 이렇게 긴 시간을 받게 된 게 약 10년 전쯤으로 기억이 된다.

한여름에 오랜 시간 교육을 받는다는 것이 무리인 줄 알지만, 자신이 필요하므로 감수하면서 받았다. 교육장은 에어컨 시설이 잘 되어 시원하였으나 밖은 찜통더위에 삼복더위는 지났다고 하나 여전히 물러설 줄을 모르고 기승을 부리고 있으니, 우리는 거역할 수가 없지 않은가. 기꺼이 받아들일 수밖에 없는 현실이다.

배운다는 것은 말은 쉽지만, 현실에서는 만만하지 않다, 나와 직접적으로 관련이 있는 것이 아니어서 마음고생을 더 했는지도 모르지만 수도권 지역에서 개인 또는 기관에서 필요에 따라 참여를 하여 다양한 계층의 사람들로 채워졌기에 분위기는 다소 무거웠지만 그래도 함께 이틀 동안 부담 없이 편하고 즐거운 마음으로 배울 수가 있어서 나름 뜻있는 시간이었다.

우리가 말하기는 배움이란 평생이라는 말이 생각이 난다. 다소 늦은 시기이지만 이렇게라도 할 수 있고 배울 수 있다는 자신이 뿌

듯하였고 평소에 느끼지 못한 것도 알게 되었으며, 완전히 숙지하지는 못했으나 틈틈이 교재 등을 보면서 새로운 지식을 알게 되었다는 것에 만족함을 느낀다.

매일매일, 또는 수시로 변해가는 세상에 살면서 그에 맞추어 살려면 무언가는 달라야 하기에 자신이 변하고 그에 맞추어 가는 거 아닌가! 어느 시대나 어떤 나라를 막론하고 약 3%의 사람들이 자신들의 국가를 책임지고 대표하고 실제로 이끌어 간다. 그리고 약 10%의 사람들이 시간적, 경제적 자유를 누리며 살고 있으며 60%의 사람들은 그럭저럭 생계를 유지하며 살아가며 나머지 27%의 사람들은 자기 앞가림도 못해 남에게 의존하며 산다. 이런 말을 들으면서 자기 앞가림도 못하는 사람보다는 3%는 아니더라도 10%의 안에는 들어가야 하지 않나 하는 나만의 욕심을 부려보지만, 부디 헛되지 않기를 바라는 마음이 앞을 가린다.

뙤약볕으로 달구어진 도로의 귀퉁이에서 아지랑이는 아니지만 더운 훈기가 바람에 흔들려 이리저리 넘실거리는 모습이 나그네의 마음을 더 뜨겁게 하는 것 같다. 머지않아 우리는 이런 날들이 가슴에 하나의 그림으로 간직할 수 있는 날이 오겠지 하는 마음에, 요즈음 어린이들의 성장 과정을 상기해 본다.

많아야 둘 아니면 하나 그것도 아니면 출산 자체를 안 하는 일도 있지만 육아 과정을 보면 기성세대에서는 상상도 못 할 정도로 노력과 아낌없는 투자를 하는 현실이다. 그런 과정을 통해서 남들에게 쳐지지 않고 일정기준 안에 들 수 있도록 하는 것이 부모의 욕심이 아닐까? 잘 배우고 가르쳐서 원하는 꿈을 이룬다면 얼마나 좋을까? 어린아이들에게는 무리하게 하는 부분도 있어 이해는 하지만 평생교육이라고 보면 이해는 간다.

늦지만 미루지 않고 나만의 삶을 찾기 위하여 시간을 투자하는 것 자체가 후회 없는 삶이 되지 않을까? 도덕과 양심은 학교에서 배우는 지식과는 달리 오래도록 그 집안에서 형성되고 몸에 배어서 내려오며, 어른들 말씀에 '근본이 없다'라는 것은 그 집안이 도덕적이지 않다는 것을 빗대는 것, '너를 보니 네 부모를 알겠다'라는 말은 너를 기른 부모의 됨됨이를 알 수 있다는 말로 우리는 이해하고 있다.

교육의 필요성은 지식을 얻어서 유능한 사람이 되는 데만 있는 것이 아니라 도덕적이고 양심이 바른 사람을 만드는 데 있고, 지식의 습득은 학교에서 배움으로 할 수 있는 일이지만 도덕적이고 양심적인 사람을 만드는 교육은 집에서, 올바른 부모의 슬하에서 해야만 하는 것 아닐까?

물이 위에서 아래로 흐르는 것처럼 물질이 되었건 지식이 되었건 어떤 형태로건 부족한 자에게로 흘러들게 마련이며, 인간은 태어날 때부터 배움의 길로 들어선다. 그것은 배움을 떠나서는 살 수 없기 때문이기도 하지만, 지식, 그 자체가 우리 삶에 밑거름이 되고, 또한 행복을 추구할 수 있는 아름다운 길이기 때문이며, 그런 과정에서 지금껏 일하면서 공부를 하겠다는 마음가짐이 얼마나 가상한 일인가?

배움이란 끝이 없다. 인간은 태어날 때부터 어머니로부터 늘 배우며 자라왔지 않았던가? 나는 어머니의 품속 같은 따뜻한 삶의 진리를 책에서 배우고 깨달았고, 가난한 삶이라 할지라도 내가 살아오는 동안 배움의 끈을 놓아본 적이 없다.

내 삶의 숨결이 머물고, 행복을 꽃피울 수 있는 이곳 배움의 전당에서 내 부족한 부분을 채울 수 있으니 이 얼마나 흐뭇한가. 주어진 기회를 놓치면 인생이 폐지(廢地)처럼 될 것은 자명한 일. 자신에게 압력도 주고 열심히 가꾸고, 업그레이드하면서 태양을 거울삼아 참된 지성의 인생을 뚜벅뚜벅 걸어 나가야겠다고 다짐해 본다.

아침에 창문을 열고 환기하듯, 기분 전환도 되고 스트레스 해소도 하고 운을 만들기도 하는 배움이란, 나에게 또 하나 도전 대상이기도 하며, 늘 부족한 내 마음에 배워야 산다는 삶의 철학이 새삼 가슴속에 꽃을 피우고 있어 참 좋다.

부모님의 은혜에 감사하며 살자

 신록의 계절이고 가정의 달 그리고 계절의 여왕이라고 부르는 오월, 날씨는 흐렸지만 마음만은 풋풋한 향기를 풍기고, 그윽한 새순들의 냄새를 맡으며 찾아가는 그곳은 지리산 자락으로 쉽게 갈 수도 없는 곳이고 이유 없이 찾을 수도 없는 곳이다.
 올해 구순이신 장모님의 생일을 위하여 살고 계시는 남원으로 인근 지리산 자락에 있는 펜션을 처가 쪽 가족과 함께, 삼일 연휴이기에 1박 2일 일정으로 하면 좋을 것 같아서 미리 출발하였다. 시작은 좋았는데, 가는 길이 막혀 3시간 반이면 갈 곳을 9시간이나 소비하면서 갔다.
 혼자가 아니고 가족 나들이다 보니 그나마 지겨움도 견딜 수가 있었다. 가족과 이렇게 긴 시간을 함께한 날이 없어서 조금은 부담스러웠지만 그래도 오랜만에 친척들을 만난다는 기대감 때문에 참을 수가 있었고, 나만의 좋은 기억으로도 남았다. 매년 만나는 것도 아니고 서로 일정을 봐서 만나게 되는데 이번은 장모님의 구순으로 그 의미를 더욱 새기고 무병장수하기를 바라는 마음으로 소중한 만남을 가졌다.

모든 가족이 다 온 게 아니고 시간이 되는 사람만 참석하였다. 함께 자리했던 가족이 13명이나 되어 그 자리가 한층 더 빛이 났으며 그중 막내 처남이 회사 일로 인하여 참석을 못 한 게 다소 아쉬움이 있었으나 그래도 가족애를 느낄 수 있는 유쾌한 일정이었다.

모처럼 만난 가족들과의 저녁 시간은 또 다른 행복감을 주었다. 석쇠에 불을 지펴 연기를 피우면서 구운 삼겹살을 먹으며 그동안의 생활에 대한 서로의 안부도 묻고 살아온 이야기 등으로 웃음꽃을 피우며 삶이란 이런 거라는 것을 느낄 수 있었다.

장모님은 노화로 인해 잘 듣지를 못하여 대화가 원활하지는 못했으나 먼 길을 마다하지 않고 찾아준 자녀들을 보면서 흐뭇함도 보였고, 모든 것을 다 얻은 그런 기분이셨다.

지리산 둘레 길의 한 지역으로 이곳의 향기를 온몸으로 맞이하며, 자신을 이곳에 나도 모르게 주저 앉게 만든 것 같았다. 이곳의 경치와 주변의 모습은 어느 곳에서도 볼 수 없는 곳이다. 산기슭이지만 벌써 벼농사 준비를 위하여 논에 물을 담아놓고 고르는 곳도 있었고 조금 서두른 곳은 모내기를 한 곳도 있었다. 한적하고 누가 와도 반갑게 맞이해 줄 것 같은 오지의 모습이었으며, 이곳에서만 보고 들을 수 있는 이름 모를 각종 새소리, 계곡 물소리, 새잎으로 채워진 각종 나무의 냄새로 마음의 안식과 청결함도 동시에 얻을 수 있었다.

가족 중에 둘째 처제 아들이 둘이나 와서 자리가 한층 더 부드러웠고 분위기가 좋았다. 초등학교 때보고 지금 와서 보니 그때 하고는 비교가 안 될 정도로 훌쩍 자라 어디서 봐도 몰라볼 정도로 변한 것을 보면서 나를 보니 내가 나이가 꽤 들었다는 생각을 새삼 해 보게 된다.
　마음은 언제나 청춘이고 한창때인데 몸은 그러지를 못하니 세월의 흐름이란 그 누구도 거슬릴 수가 없으니, 우리 아이들을 봐도 그렇다. 동행한 큰아들과 며느리 그리고 막내를 보니 내가 벌써 나이가 많이 들었다는 것을 확인할 수 있었다.
　자주는 볼 수 없지만 매년 이렇게라도 볼 수 있게 애쓰는 둘째 처남의 수고가 있었기에 가능하였고 그나마 장모님이 살아있으니까 이렇게 만날 수 있다는 것에 감사함을 느꼈다.
　앞으로 언제까지 살아 계실지는 모르지만 사는 날까지라도 이런 가족애를 느낄 수 있도록 자리를 계속 이어 갔으면 하는 생각이다. 먼저 가신 조상님들이 있었기에 지금 우리가 호사(豪奢)를 누리면서 살고 있지 않은가를 생각하면 부모님의 은혜는 하늘 같다는 노랫말이 생각이 난다. 이번 모임을 하면서 부모님의 소중함을 다시 한번 생각해 보게 되었다. 잘한 부분도 있었고 그러지 못한 부분도 있었지만, 지금의 내가 존재하고 그 큰 은혜로 인하여 살고 있다는 게 큰 행복이고 또 나로 인하여 대를 이어가는 아이들이 아들, 딸을 낳고 사는 것을 보면서 스스로 위안도 삼아보고 잘살아 왔다는 생각도 해 본다.
　높고 높은 하늘이라 말들 하지만 나는 나는 높은 게 또 하나 있지, 낳으시고 기르시는 어버이 은혜 푸른 하늘 그보다도 높은 것 같아 넓고 넓은 바다라고 말들 하지만 나는 나는 넓은 게 또 하나 있지, 사람 되라 이르시는 어버이 은혜 푸른 바다 그보다도 넓은 것 같아!

  이 세상에 수십만 마디의 말이 있어도 그중에 가장 고상하고 좋은 말은 '어머니'와 '아버지'라는 말이라고 한다. 그것은 이 세상에서 어머니의 사랑보다 아버지의 사랑보다 더 크고 귀한 사랑이 없기 때문이다. 쥐면 꺼질세라 불면 날세라 금지옥엽 애지중지하며, 겨울이면 추울세라 여름이면 더울세라 염려하시고, 행여나 배고파 할까 봐 당신은 못 먹어도 자식들 입에 밥풀 하나라도 더 먹이고자 하는 것이 어버이의 사랑이다. 진자리 마른자리 구별치 않고 진자리에는 당신이 누우시고 마른자리 골라 자식들 뉘어서 키워주셨다. 그리고 자식들을 위한 길이라면 천리 길이라도 마다 않고 달려가시며, 또 자식들을 위한 일이라면 손발이 갈퀴손이 되고 손톱 발톱이 다 닳아도 당신 몸 아끼지 않는 것이 부모님의 사랑.

  당신이 있었기에 오늘의 우리가 있습니다. 꽃처럼 예쁜 우리 엄마, 김 방자님의 90번째 생신을 축하합니다. 꽃보다 예뻤던 청춘에 '우리'라는 꽃을 피워주셔서 감사합니다. 항상 건강하시고 행복하게 오래오래 저희와 함께해주세요.

새로움에 취하다

　지역에서 만난 모임으로 2년에 한 번씩 해외여행을 다녀왔는데 코로나 여파로 그동안 갈 수가 없었다. 이번 기회에 베트남에 있는 나트랑 및 달랏에 3박 5일 일정으로 다녀왔다.
　우리나라와는 전혀 다른 날씨로 그곳은 열대지방이라 낮 기온이 30도를 오르내려 겨울 여행에 아주 좋은 곳이었다. 이처럼 열대지방으로 겨울에 여행을 떠나기는 처음이다. 비행기로 약 5시간이 소요되었으며 시차도 2시간 정도 늦다. 여행이란 관광명소를 구경하는 것이지만 나에게는 새로운 세상을 본다는 생각으로 접하니 모든 것이 새롭게 다가왔다. 생활환경도 그렇고 치안 문제나 교통 등이 우리하고는 전혀 다른 모습이었다.
　살아가는 부분도 거의 관광 수입과 농작물을 재배하여 주 수입원으로 살고 있는데, 제대로 된 치안 확보가 안 되었으며, 공안이라는 명분으로 시도 때도 없이 약탈 등을 하여 그곳에서 장사하는 사람은 일정한 세금을 별도로 낸다고 생각하고 산다고 한다.
　또한 교통도 신호등이 없이 주로 오토바이, 승용차, 버스 등으로 질서 없이 다니는 것을 보니 혼란스러움이 보는 이의 혼을 뺏어 갈 것 같은 기분이 들었다. 시장도 주간과 야간으로 구분하여 장사하고 있었다. 동일 장소에서 주로 주간에는 야채나 과일 등을 팔고 야간에는 옷가지나 장식품 등을 팔고 있었다. 재미있는 것은 한국인이 반이고 외국인이 반이라는 생각이 들 정도로 한국인들도 많다는 것에 약간은 의아했다.

보통 사람으로서는 쉽게 이해가 되지 않았다. 어느 기업가가 말한 "세상은 넓고 할 일은 많다"라고 했는데 정말 온 세계가 넓다는 생각이 들었다.

열대지방이라 입는 옷도 여름옷으로 바꿔 입어야 하는 불편함도 있었지만, 그래도 함께 할 수 있는 동료 회원들이 있었기에 재미있고 유익한 나들이가 된 것 같다. 이번 여행으로 인하여 그동안 서로를 잘 알고 지내왔지만, 더욱더 끈끈하고 돈독한 사이가 된 것 같다. 불편했던 것은 출발할 때와 도착할 때가 제일 힘이 들었다.

출발시간이 새벽 2시 30분이었고, 도착시간도 새벽 04시 30분이었다, 새벽 시간에 움직이다 보니 제대로 숙면하지 못해 어려움도 많았다. 옛말에 집 나가면 고생이라는 말이 실감이 났다. 잠자리가 바뀌다 보니 그동안 집에서 편안하게 자는 생활이 얼마나 소중한지 새삼 알게 되었다.

여행이란 가까이 가든 멀리 가든 가는 사람에게 설렘과 기대를 주는 게 아닌가? 집을 벗어나면 그 무언가 새로움이 나에게 다가온다는 것이 마음을 긴장하게 만드는 것은 맞는 것 같다. 매일 똑같이 반복되는 일을 하다가 잠시 현실에서 이탈하여 신세계를 보니 그 마음 누가 알 수 있으랴. 그런 세상을 보면서 자기를 뒤돌아

보는 계기도 되고 그로 인하여 건전한 생각 또는 좋은 아이디어나 해결 방법도 찾을 수 있을 것 같다. 우리가 답답하거나 일이 잘 풀리지 않을 때 산책을 하거나 잠시 훌쩍 어디론가 떠나는 것도 같은 이유라고 볼 수 있다.

여행은 단순히 즐기는 데에서 그치는 것으로 보이긴 하나, 한 사람의 추억을 담아내는 일련의 과정이다. 그래서 사람들은 지난날 떠나온 곳에서 무언가를 혹은 누군가를 추억할 수 있으므로 비로소 남은 생을 반추하며 사는 것 아닌가? 늘 비슷한 하루를 살아가는 평범한 모든 사람이 집을 벗어나 어디론가 떠나가는 것을 우리는 여행이라고 한다. 물리적으로 떠나는 것만 여행이고 정신적으로 떠나는 것은 여행이 아니라고 반문할지도 모르지만, 최소한 내게 여행은 집을 벗어나 어디론가 떠나는 것이다.

여행을 떠날 때는 신선함과 기대, 그리고 새롭게 만나는 사람들의 이야기들… 그 시간이 얼마가 되든 본만큼 또는 들은 만큼 조금씩 내 삶이 풍요로워지고 세상을 바라보는 시선이 넓어짐을 느낀다. 여행은 단순히 새로운 곳을 방문하는 것만은 아니다. 가는 동안, 그리고 낯선 곳을 돌아보는 동안 나 자신을 돌아보고 나와 함께 했던 사람들을 생각하고, 가족들을 생각하고 나와 함께 하는 모든 인연에 감사하는 시간이며 이렇게 살아 있음에 감사하고 마음껏 걸어보고 이 신선한 세계를 폐부 깊숙한 곳까지 들이킬 수 있는 건강함과 행복함에 고마워하는 시간이기도 하다.

여행을 마치고 집에 돌아갈 때 잠시 밀려오는 허무감은 순간일 뿐이다. 다시 일상으로 돌아가서 만나는 사람들과의 인연. 그 모든 것에 최선을 다하는 마음과 결심을 한 아름 안고 간다. 그래서 여행은 멈출 수가 없다. 시간이 흐르고 잠시 나에 대해 소홀해질 때 나를 둘러싼 사람들과 인연에 대해 무심해질 때 나는 또 다른 낯선 곳으로 떠나게 될 것이다. 모처럼의 여행이 나에게는 휴식보다는 고행이었으나 그래도 평생 잊지 못할 소중한 날들로 남을 것 같다.

새해 첫날 새벽 해맞이를 하다

어둠에서 벗어나지 못한 이른 새벽, 여명을 딛고 발걸음을 재촉한다. 귓가에 스치는 찬바람을 맞으며 목적지를 향했다, 먼 곳은 아니기에 가는 길에 친구 둘을 합승하고 가는데 드디어 한 해를 시작을 하는구나 하는 생각이 들었다.

집에서 약 10킬로 정도 떨어진 광덕산, 도착하니 새벽 06시 30분인데 많은 인파가 입구에서 탄성을 지르며 새해를 맞는 설렘으로 둥둥 떠 있는 것 같은 마음으로 서로를 반기며 즐거워하는 사람들과 함께하니 내 마음도 덩달아 기분이 좋았다.

친구들과 같이하기로 하였는데 아직 도착하지 못한 친구들이 있어 기다리며 주변을 보니 아는 지인들도 많았다. 자연스럽게 인증샷도 하면서 산행도 하기 전에 즐거움은 한층 더 고조되고, 동트기 전이라 산에 오르는 데 어려움이 많았다. 캄캄한 밤 나 홀로 무언가를 더듬으며 찾는 그런 느낌으로 손전등을 켜고 걸었다. 함께한 친구들은 신이 나서 그런지 얼굴빛이 밝아 보인다.

한겨울 이른 새벽이라 서리가 내려 미끄럽기도 하여 걷는 데 다소 어려움이 있었다. 떨어진 낙엽이 활짝 웃는 모습으로 반겨주는 것 같다. 한발 한발 걸으면서 지나온 한 해를 되새겨본다. 잘한 것도 없지만 그렇다고 못 한 것도 없다. 약간의 어려움은 있었지만 그래도 무사히 보낼 수 있어서 마음만은 가벼웠다. 이왕이면 못한 것보다 잘한 것만 기억하면서 살아야겠다고 생각했다.

오르는 길이 가파르다 보니 미끄러워서 속도를 낼 수가 없어 시간 내에 도착하기가 어려웠다. 갑진년 첫날 해맞이를 하고자 가는 길이 아무리 험할지라도 새로움을 본다는 생각으로 오르다 보니 어느덧 정상에 올랐다.

정상에서 아래를 보니 많은 인파로 인하여 장관을 이루었고, 발 디딜 틈이 없을 정도의 사람으로 인산인해를 이루고 있었다. 떠오르는 태양을 보면서 각자 가지고 온 소원을 마음껏 펼쳐보는 이도 있었고 마음으로 각오를 다지기도 하는 사람도 있었다. 또 단체로 온 사람들도 자신들의 목표를 위하여 외치는 소리가 제각각에 색다르게 들린다.

정상에서 떠오르는 태양을 보니 매일 보지만 오늘만은 특별하게 다가왔다. 어둠을 밝히면서 오직 해맞이를 보겠다는 마음 하나로 오지 않았는가! 사방이 탁 트인 풍광을 보면서 찬란하게 떠오르는 태양과 마주하니 한 해를 다 얻은 것 같은 느낌이다.

그동안 살아오면서 자주는 못 했지만 최근 몇 년 동안 새해 첫날의 일출 중에서 오늘처럼 많은 사람으로 붐비는 것은 처음인 것 같았다. 누구나 꿈과 희망이 있기에 한 해의 소망을 위하여 이른 새벽에 어둠을 헤쳐가며 온다는 게 전혀 쉽지 않다. 그런 마음으로 찾은 모든 사람들 올 한 해의 소망 다 이루는 그런 해가 되었으면 좋겠다.

　해가 바뀌면 더해지는 나이를 생각하니 좀 아쉽기도 하고 허전한 마음도 든다. 그렇다고 가는 세월을 붙잡을 수도 없으니… 내려와서 친구들과 맛있는 떡국과 굴 구이로 허기를 달래면서 희망찬 한 해를 보내자고 건배도 했다. 마음은 아직도 청춘인데 생물학적 나이가 나를 움츠러들게 하는 게 다소 아쉽지만 사는 날까지 즐겁게 후회 없는 삶을 살아야 하겠다는 각오도 했다. 각자의 소원을 위하여 작지만, 성의로 인근 사찰에 가서 시주라도 하라는 뜻에서 천 원짜리 한 장씩을 함께 한 친구들에게 나누어 주니 받는 마음이 따스함에 잔잔한 행복으로 다가온다. 적은 돈이지만 정(精) 이 묻어나는 느낌!

　그것도 아쉬워서 시간 되는 친구들과 의왕에 있는 청계사도 다녀왔다. 첫날이라 그런지 차량 및 인파로 인해 혼잡함에 약간의 피로도 쌓였지만, 의미를 부여하면서 함께했다. 그래도 어렵게 온 길인데 온 마음과 정성을 다하여 기도 및 시주도 하고, 촛불도 밝히면서 새해에는 무언가 못 이룬 것을 다 이룰 것 같은 생각이 들었다.

　운도 움직이는 사람에게 온다고 하지 않던가. 몸은 피곤하고 힘들지만 이렇게라도 자신이 하고자 하는 것을 할 수 있다는 게 얼마나 다행스럽고 행복한 날이었던지! 조지오웰이 과거를 지배한 자가 미래를 지배하며 현재를 지배하는 자가 과거를 지배한다고 하였다. 지금의 모습이 다소 미흡하지만, 시공간을 초월하면서 지난해와 새해를 맞이하는 현재의 모습이 내 전신을 지배하는 것 같다.

온천을 다녀왔다

따스한 온기가 느껴지는 날 인근에 있는 온천욕을 하고 왔다. 거리가 가까워서 한 달에 한 번쯤은 다녀오곤 한다, 나 자신 건강 상태도 안 좋고 집사람도 허리통증으로 힘이 든다고 하여 함께 다녀왔다. 주말이나 휴일에 사람들이 즐겨 찾는 곳이다.

온천수라 그런지 물 자체가 매끄럽고 부드러워 한번 다녀오면 온몸의 근육이 이완이라도 되는 듯할 정도이다. 가성비도 대중탕하고 비슷하여서 많이 찾는 것 같다.

뜨거운 물에 전신을 담그고 있으면 세상이 다 내 것처럼 느껴질 정도로 마음에 위안이 되고, 냉·온탕을 오고 가면서 따뜻함과 차가움을 번갈아 느끼는 기분은 천상은 아니더라도 환상을 맛보는 느낌도 들었다. 이런 마음으로 그동안 쌓였던 피로를 풀었다. 노천탕에서 자신의 나신을 청명한 하늘을 향해 바라보고 있으니 이런 게 내가 꿈꾸고 바라는 지상낙원이 아닌가 싶다.

파릇한 잎새가 나를 봐달라고 손짓하고 살랑거리는 바람결이 살결을 스쳐 갈 때마다 내 마음은 어디론지 떠나온 것 같은 느낌, 작은 소나무 사이로 비치는 태양 빛이 오늘따라 왜 이리도 나에게

강렬한 빛으로 오는지 나를 위해 오늘이 존재하는 것 같다. 다양한 사람들이 오다 보니 색다르게 와 닿았다.

예로부터 율암 온천 뒤편에 작은 연못에서 자연 용출수가 사계절 흘러내렸고 한겨울에도 얼지 않아 인근 주민들의 빨래터로 알려져 왔다. 눈병, 피부병, 관절염에 효험이 있다고 하여 목욕하고 치료하던 곳으로 전해져 왔다고 한다. 특히 지질학적으로 광범위한 온천 수맥에 황토와 화강암 지층이 다량의 온천수를 저장할 수 있는 지역적 특성으로 율암 온천수는 지하 700m 암반에서 솟아 나오는 천연 온천수이다. 굵은 기둥이 9개나 받치고 있을 정도로 탕의 규모가 매우 크다. 여탕을 기준으로 온탕과 열탕, 이벤트 탕(루이보스 탕), 냉탕과 사우나(건식, 습식), 침상 찜질방이 옥내에 있다.

야외온천탕으로는 탕 3개가 있는 그 중 목초액탕의 인기가 좋은데, 12시 30분쯤에는 물 버림도 하고 목초액도 추가로 넣어준다. 숯가마는 고온실, 중 온실, 저 온실로 나뉘며 휴게실과 족욕탕도 갖추고 있다. 최고의 온천 시설과 자연이 어우러진 율암온천은 수도권에서 30분~1시간 이내 거리에 있어 접근성 또한 뛰어나다. 바로 위쪽으로 프로방스 율암 아쿠아 스파가 있어 아이들과 물놀이를 즐기기에 좋다.

특히 물이 좋아 아토피성 피부염과 알레르기 피부염에 효과를 봤다는 사람들이 줄을 잇는다. 광범위한 수맥에 다량의 온천수 저장이 가능한 황토와 지층을 가진 율암온천은 온탕과 냉탕이 있는데 온천탕, 바닥에 깔린 옥으로 지압 효과가 있는 세 개의 탕과 폭

포수가 있는 노천탕, 숯과 옥의 조화로 두 배의 효과를 볼 수 있는 황토 사우나, 옥 찜질방이 준비되어 있다. 특히 40도 전후의 저온으로 찜질하는 참숯가마와 장애인을 위한 배려 시설이 시야를 사로잡는다.

들녘에서는 서로 겨루기라도 하듯이 개나리, 진달래, 목련 등이 샘을 부리면서 오라고 손짓을 하는 모습을 보면서, 자연의 현상에 취해 긴 여행으로 그동안 살아온 흔적이 한 폭의 그림처럼 보인다. 모든 동, 식물들이 그러듯 사람도 태어나서 가는 날을 보면 이런 계절과 같다는 생각이 들었다. 밤이 그윽해지면 바람은 산의 유일한 주인이 되어 손님들을 내몬다. 그 바람을 이겨내지 않고는 산에서 바람을 온전히 보내기가 어렵다. 우리는 평소에도 자신만의 쉼과 휴식 그리고 정서적인 마음의 안식처가 필요하다.

몸과 마음을 편안하게 하고 안정을 취하면서 산다는 게 쉽지만은 않다. 그래도 자신과 가족의 건강을 지키면서 살려면 아낌없는 노력이 필요하다. 가만히 있는데 모든 것이 주어지는 것은 아니다. 귀찮고 힘이 들어도 스스로 찾아서 건강하게 사는 노후의 삶이 우리가 바라는 낙원이 아닐까?

운명 같은 인연

한 우물이라고 하는 동갑네 모임을 다녀왔다. 만남을 시작한 지가 약 1년 정도밖에 안 되었고 수도권지역에 주로 거주하는 친구들로서 매월 만날 수는 없지만, 분기별 또는 각자 일정에 따라 만남을 유지하고 있는 모임이다. 안산지역에서 같이 모임을 하는 친구의 소개로 동참을 하였으며, 나 역시 나이가 같고 부담 없이 만나 함께 할 수 있다는 게 좋을 것 같아 참여하게 되었다.

우연이라고는 할 수 없지만 참여할 수 있도록 한 친구와의 관계가 기존의 모임에서 약 3개월 전부터 문제가 생겨 한 우물이라는 모임에서 빠지기로 하고 탈퇴를 하였다. 특별한 이유도 없이 어느 날 갑자기 탈퇴하니 그동안 함께했던 친구들 처지에서는 무슨 문제가 있는지는 모르지만 서로 조금씩이나마 정이 들었는데 빠졌으니 가능한 한 다시 참석하기를 원하여 전화도 하고 문자도 보내왔으나 나는 믿음과 신뢰감이 떨어진 친구를 다시 보자고 참여하는 게 맞지 않아 잊고 살기로 하였다.

좋은 관계였더라도 서로가 마음의 상처를 입고 있으면 다시 만나는 게 쉽지만은 않다. 커진 상처가 아물 수 있는 시간이 필요하다. 그런데 며칠 전 기존모임에서 계곡 물놀이를 갔는데 그곳에 한 우물과 함께한 친구가 엄청나게 아쉬워하면서 같이 할 수 있도록 하였으면 하는 마음이 너무 간절함으로 다가왔고 또 다른 친구는 안 가면 다시는 안 볼 것 같다기에 이번 모임에는 꼭 같이 참석하자고 간곡히 부탁해 기존 집행부에서도 가능하면 참석을 해달라고 한 바도 있어, 일단은 만나서 대화로써 풀 수 있으면 풀고 그렇지 않으면 빠진다는 생각으로 참석을 하였다.

　예상외로 함께한 친구들이 반겨주었고 애초 소개한 친구 역시 다소 머쓱한 모습으로 반겼지만 다른 친구는 몰라도 이 친구하고는 서로의 파인 골에 대하여 허심탄회한 대화를 하는 게 우선일 것 같아 만남을 마치고 사적으로 만나 하고 싶은 말을 다 했다. 나는 행여 그 자신이 지나쳤음을 인정할 줄 알았건만 자기 입장에서만 하는 태도를 보여 탐탁하지는 않았지만, 그나마 이렇게라도 대화를 하니 조금은 마음의 감정이 누그러졌다. 누가 잘했던 잘못했든 간에 자주 만나고 대화를 이어가다 보면 그동안의 서운했던 감정이 사라지겠지 생각하며 오늘 만남을 마무리했다.

　인연이라는 것이 이렇게 이어지는 것을 보면서 누가 강요를 하거나 억지로 되는 것도 아니고 때로는 내가 하기 싫어도 하는 경우가 있고, 다시는 안 보려고 했건만 이렇게 다시 본다는 게 나 자신도 이해가 되지를 않았다. 어찌 보면 질긴 인연이기에 그렇지 않나 하는 생각도 해 본다.

　피천득의 수필 '인연'이라는 글에서 어리석은 사람은 인연을 만나도 인연을 알지 못하고 보통 사람들은 인연을 알아도 그것을 살리지 못하고 현명한 사람은 옷자락만 스쳐도 인연을 살릴 줄 안다. 라고 하였다. 하물며 근 1년 가까이 함께해 온 날들과 잊지 못할 추억들이 고스란히 쌓여 있는데 그것을 버린다는 게 쉽지 않다. 조금 아쉽고 이해가 안 되는 부분이 있을지라도 마음을 내려놓고 상대를 대하는 게 현명한 판단이라는 생각이다. 우리가 처한 인생은 오곡이 무르익어 황혼을 맞아 수확하며 풍년가를 불러야 하는 계절로 어찌 보면 인생의 절정기를 맞이해서 마음 편히 여유로움을 느끼고 즐기면서 살아야 할 때가 아닌가 하며 자신을 뒤돌아보았다.

 아무리 그리워하는데도 한번 만나고 못 만나게 되기도 하고, 일생을 못 잊으면서도 아니 만나고 살기도 한다. 사람은 누구나 스쳐 가는 인연이 아니라 오래 머물며 기억될 수 있는 좋은 인연으로 남기를 바라지만, 인연 가운데는 까맣게 잊혀지는 인연도 있고, 어렴풋이 가끔 생각나는 인연도 있고, 늘 가슴속에 자리 잡은 인연도 있다.

 국어사전에는 인연이 사람과 사람 사이의 연분 또는 사람이 상황이나, 일, 사물과 맺어지는 관계를 의미한다고 나와 있지만, 가장 중요한 인연은 무엇보다 사람과 사람과의 관계일 것이다.

 유연 천리 래상 회(有緣千里來相會)
 무연 대면 불상 봉(无缘对面不相逢)
 인연이 있으면 천 리를 떨어져 있어도 만나게 되고, 인연이 없으면 얼굴을 마주하고 있어도 만나지 못한다. 한비자에 나오는 중국 속담이다.

가수 노사연이 "우리만남은 우연이 아니야" 하며 노래했듯 모래 알같이 많고 많은 사람과 사람 사이의 만남에는 인연이 있다. 인연을 거스른다고 거슬러지는 것이 아니며 잡는다고 잡히는 것도 아니다. 불가(佛家)에서는 사람의 인연을 겁(劫)이라는 단위로 설명하면서 옷깃만 스쳐도 전생에 오백 겁의 인연이 있다고 한다. 사람의 운명은 타고난 것도 있겠지만 사람과 사람 사이의 관계 즉 인연 속에서 노력의 결과로 달라질 수 있다.

인연은 나의 의지와 상관없이 우연히 시작되지만, 그것을 어떻게 마무리하느냐는 나 자신에 달려 있다. 한번 맺어진 인연을 좋은 인연으로 이어가는 것도 나요, 나쁜 인연으로 끝내는 것도 나인 것이다. 좋은 인연이란 시작이 좋은 인연이 아니라 끝이 좋은 인연이다.

좋은 인연을 구하고 나쁜 인연을 피해 가는 것이 인간관계를 잘하는 비결이며 인생을 행복하게 사는 방법이다. 원망하기보다 감사하고, 질투하기보다 격려하며, 짐이 되기보다는 힘이 되는 좋은 인연으로 남을 수 있도록 함께 노력 해야 한다.

자기관리를 잘하자

　여름의 길목에서 태양 빛은 이글거리며 온 전신을 쥐어짜기라도 하듯이 활동공간의 제약을 받는 사계절 중의 하나인 여름이 본격적으로 시작이 되었건만 원하던 철을 즐기기도 전에 코로나19라는 전염병이 반갑지 않게 나를 덮쳤다. 조금 일찍 찾아온 무더위 속에서도 코로나19 전염병은 계속 진행형으로 우리의 속을 할퀴고 있다. 며칠 전에 전혀 생각도 안 했던 코로나로 확인이 되었다. 특별한 이유도 없었고 무리한 일도 하지 않았는데 왜 이런 일이 생길까?
　전염성이 강하기 때문일 수도 있고 나 자신이 관리를 제대로 못 해서 생길 수도 있다. 지난 1년 전에도 확진이 되어 고생한바 있으나 그때는 잘 이겨냈는데 이번에는 그때보다 더한 것 같다. 발생 전날 저녁때 컨디션이 안 좋아서 일찍 귀가했으며 정상적으로 하루를 보내고 아침에 눈을 떠 일어나려고 하니 도저히 일어날 수가 없을 정도였다. 온몸 구석구석 안 아픈 곳이 없었다. 간신히 아침을 먹고 출근하는 데 운전하기조차 힘들었고, 더 걱정되었던 것은 코로나는 전염성이 커서 나 혼자가 아니고 가족이 있어서 더욱 조심을 해야 하기에 마음고생을 더했던 것 같다.

　인간하고 관련된 모든 병은 악마와 같다. 우리의 허점을 노리고 순식간에 찾아온다. 방심한 결과이지만 언제 어느 때 무슨 병이 나를 찾더라도 기꺼이 맞아 물리칠 수 있는 자신만의 관리가 필요함을 느꼈다.

　2020년도 초기에는 감염이 되면 치사율이 높아서 정부와 관계 당국에서 직접 관리를 해왔고 세계적으로도 코로나 역병을 극복하기 위하여 여러 백신도 만들었으며, 지나칠 정도로 민감하게 대응을 해왔던 바도 있다, 언론 등 모든 기관에서 철저히 통제하여 활동에 어려움도 많았다. 특히 외출 시에는 반드시 마스크 착용이 의무화되었고 초기에는 마스크 공급이 부족하여 사기에 어려움도 많이 겪었다. 지금 생각해 보면 지나친 반응이 이었다는 생각도 해 본다.

　지구촌을 발칵 뒤집어놓은 코로나19. 코로나 시대 3년 세월이 파노라마처럼 스쳐 간다. 중국 우한의 종교집회에서 전염이 시작된 코로나19가 대구 경북지역으로 확산하였고, 걷잡을 수 없는 코로나 델타 변종에서 오미크론 확산에 이르기까지 코로나 팬데믹 물결에 휩쓸릴 수밖에 없었다. 지인들의 확진 소식도 심심찮게 들렸다. 몇 사람 건너 확진자라고 하니 코로나에 걸리지 않은 사람은 오히려 인간관계가 원활하지 못한 사람이라고 농담할 정도였다. 모든 매체나 헤드라인 뉴스는 코로나 신규 확진자 발표로 이목을 집중시켰으며, 사회적 거리 두기 손 씻기가 일상화되고 영업 제한 등으로 인한 경제활동 제한이 가정이나 소상공인의 경제가 지하

밑바닥까지 침체하고 말았다.

　정부에서는 코로나 생계지원금으로 기하학적인 세금을 쏟아부으며 숨통을 틔게 한다고 하지만 언 발에 오줌 누기다. 근본적인 문제 해결의 키는 코로나 소멸의 여부에 달렸다.

　코로나가 확인되면 지금은 병원에서도 독감처럼 생각하고 그에게 맞게 처방을 하며 치료도 해 준다. 최소한 일주일의 치료 기간을 통하면 회복은 할 수가 있다. 나 역시 그런 시간을 겪으며 겨우 안정과 회복을 하였다.

　신이 우리에게 절망을 보내는 것은 우리를 죽이려고 하는 것이 아니라 우리 속에 새로운 생명을 불러일으키기 위함이다 라는 말이 있다. 모든 이에게 찾아오는 게 아니고 나에게만 온 것은 무언가 새로움을 주기 위함이 아닌가 생각한다. 그래서 근간에는 스스로 다시 한번 각성하고 평소에 하던 운동 등을 빠지지 않고 하게 되고, 건강이라는 중요성을 더욱더 절실히 느끼고 있다.

　오늘날 우리는 코로나19에 직면하여 팬데믹의 원인과 결과를 알아내려고 고투하고 있다. 의학적·사회적·경제적으로 어떻게 대응해야 할 것인가를 둘러싸고 논쟁도 활발히 이루어지고 있다. 그런 가운데 잘못된 정보들이 횡행하고 근거 없는 예측들이 만발하여 혼란을 가중시킨다. 당분간 우리의 의문에 명확하게 답해줄 과학적·정치적 해결책은 발견하기 어려울 것이다. 그러나 우리가 확실히 알고 있고, 또 알 수 있는 것이 있다. 역사가 그것이다. 우리 인류는 어떤 중대한 사태에 맞닥뜨렸을 때 그 패턴을 이해하기 위해 자연스레 역사로 눈길을 돌리곤 한다. 우리가 의지할 수 있는 정보와 경험이 거기에 있는 까닭이다. 역사 또한 코로나19라는 팬데믹의 원인과 그 가능한 결과들을 우리에게 가르쳐 주었다.

다윗의 시편은 역경을 헤쳐온 고난 끝에 축복받는 시로 우리의 고통을 이기게 하는 인생의 교과서로 활용하고 있다. 모든 역경 앞에서 좌절하지 않고 인내하는 시편 기자를 볼 때 양지가 있으면 음지가 있고 한 달이 크면 한 달이 작듯이 우리네 인생도 이와 같다고 생각한다. 코로나19로 인해 일상의 소중함을 새삼 깨닫게 되었다. 세상의 모든 것이 전화위복 되길 염원하며 답답했던 마음에 조금이나마 치유 받은 것 같은 가벼운 마음으로 살려고 한다.

이제 실외에서 마스크를 벗어도 좋다는 데도 대다수 사람은 당분간 마스크를 벗지 않을 조짐이다. 습관이 무섭다. 21일의 습관의 법칙이 있다. 무슨 일이든 21일을 꾸준히 하면 습관이 된다. 작심삼일을 열 번 반복하면 습관이 된다. 습관이 의지보다 강하다.

이번의 상황을 보면서 자기관리도 잘 해야 하지만 주변의 여건이나 환경도 변수로 생길 수 있으니 일상의 습관을 잘 유지 하면서 건강에 소홀함이 없도록 해야 하겠다고 생각해 본다.

자신을 뒤돌아 보다

조용한 새벽에 들리는 소리가 왜 이리도 내 마음을 흔들어 놓는지. 꿈은 아니기에 그나마 다행일 수도 있지만, 막상 나를 향한 울림으로 다가와 머리를 누구한테 제대로 한 대 맞은 것 같다. 처음에는 나 자신에게 하는 소리인지도 몰랐다. 약 10여 년 동안 빠지지 않고 매주 토요일이면 어김없이 작은 건물에 계단 청소를 했다. 하게 된 동기는 생활이 힘들었다기보다는 인근에 있는 건물을 관리하면서 패키지화한 상태로서 할 수밖에 없는 처지이다. 운동 삼아 소일거리로 하게 되었고 자연스럽게 주말 새벽이면 자전거를 타고 약 40여 분 달려서 일을 마치고 오곤 하였다. 일하는 시간은 대충 30여 분이면 마칠 수 있었고 몸에 배서 그런지 몰라도 일상의 한 부분이 되었다.

이런 기분으로 오늘도 이른 아침 매일 하던 데로 일을 하는데 4층 건물 3, 4층에 거주하는 아주머니와 아저씨가 나를 향해 청소를 이렇게밖에 못 하느냐, 하면서 하려면 제대로 해야지, 얼마를 받느냐, 그렇게 대충 대충하면 주인에게 말을 하겠다, 내가 청소비를 얼마나 내는데 등 협박 비슷하게 나를 몰아세운다. 그렇다고 대

들거나 변명은 하지 않았다. 그동안 부실했으면 앞으로는 잘하겠다고만 하였다. 자신이 난처하고 한심하다는 생각이 머리 한구석에 남아서 온종일 우울한 하루를 보냈다.

  이렇게 나 자신을 초라하게 만들고 힘들게 할지는 전혀 생각하지 못했다. 평상시에도 남의 눈에 거슬리거나 빗나가는 행동을 하지 못했던 내가 아닌가! 그리 생각하니 한층 무거운 마음은 짐으로 다가와 나를 짓누르는 것 같아 견딜 수가 없었다. 이 일로 인하여 많은 소득을 얻는 것도 아니었고 단지 서비스 차원에서 하는 일이라고 생각하며 그동안 해왔던 것이었는데.

  이른 새벽부터 호된 질책을 받았다는 자신이 부끄럽고 나아가 창피하다는 생각도 들었다. 크든 작든 타인에게 대가를 받고 한다는 것은 누구나 그것에 맞게 해야 한다. 자신이 잘했다고 할 수는 없지만, 무엇인가, 혹여나 잘했다고 생각을 했다고 해도 이의를 제기할 생각은 없다. 아무리 잘해도 상대가 평가를 잘못하면 그럴 수밖에 없는 것.

  이렇게 이른 새벽부터 야단을 치는 것은 청소라는 것 자체를 헐뜯거나 쉽게 보며 하찮은 일로 생각을 하고 무시하는 경우가 많으니 그럴 수 있다. 아무리 직업에 귀천이 없다고 하지만 다른 사람들이 볼 때는 그렇게 보이는 것 같다. 현 사회가 그렇다 보니 이해는 간다. 그동안 타성에 젖어서 한 자신이 한편 부끄럽다는 생각도 들었다. 10년이면 강산도 변한다는데 나는 그러지를 못했다는 것이 마음 한구석에 아쉬움으로 남았다. 나 자신 스스로는 할 만큼 했다고는 하지만 그들의 눈에는 양이 차지 않았고 부족함으로 본

것이다. 모든 게 나의 미숙함이고 안일하게 해왔던 것이 문제였다.

아무리 사소한 일이라도 세심하게 해야 할 것 같다. 한근태 작가는 "신은 디테일에 있다고 하였다." 성공한 사람들은 하나 같이 편집증을 앓고 있다. 기대치가 높고, 기대치를 달성하기 위해 지나치리만큼 집착을 한다. 메모하고 약속을 칼같이 지키고 정리 정돈을 잘한다. 왜 그럴까? 자신과 자신이 하는 일을 사랑하기 때문이다.

그러나 난 아직도 그렇지 못한 것 같다.

좀 더 자신을 갈고닦아서 잘한다는 소리는 못 들어도 지적은 받지 않도록 해야겠다. 지금의 일을 약 30년 가까이 하면서 자신을 뒤돌아보지 않고 살아왔다는 게 너무 안일하게 보였다. 완전한 사람은 없지만 그래도 실수를 최소화할 수 있도록 은 할 수 있지 않은가? 그런 마음가짐을 가슴 깊이 새기고 싶다.

하늘의 그물망이 크고 넓어서 엉성하지만, 그 무엇 하나 놓치는 법이 없다고 한다. 그만큼 세상은 많이 변하고 바라보는 눈도 많다는 것이다. 그동안 해온 자신을 돌아보면서 미흡했고 타성에 젖어서 한 부분이 나에게는 큰 울림으로 다가왔다. 오늘을 계기로 나 자신을 뒤돌아보고 반면교사로 삼아 다시는 이런 일이 생기지 않도록 해야 하겠다고 다짐해 본다.

자기 삶에 의미를 부여해 보다

　염장군 기세는 누그러질 줄 모른 채 연일 맹위를 떨치고 코로나 역병으로 서민들 가슴에 피멍으로 물들어가는 한여름 오후 평소 존경하고 늘 부담 없이 삶의 이야기와 애환을 함께하는 선배이자 벗인 동호 선생님의 연구실을 찾았다.
　언제나 변함없이 환하게 반겨주시는 동호 선생님의 활짝 핀 얼굴이 이 무더운 여름을 잠시나마 잊게 해 주었다. 벌써 십수 년 전 사업상 일로 우연히 함께하게 되어 멀리 파키스탄까지 함께 여행했던 소중한 인연으로 맺어졌지만.
　당시 이역만리 먼 곳 타향에서 무언가 모를 공감대를 형성하여 우리는 다른 일행들보다 한층 더 친밀감으로 서로를 공유하며 지냈다. 그 이후로 우리 둘의 우정은 깊어갔고 그렇게 간간이 만나 한 잔술에 시국도 논하면서 세상 돌아가는 세태에 희비(喜悲)를 표하기도 하며 서로의 가정사까지도 주고받는 사이로 존경하는 선배와 아우와의 관계로 이어졌다.
　어느 날 지인들과 술자리에서 나의 별호를 조조라고 하는 별칭을 붙여 주셨다. 왜 조조냐고 물었더니 삼국지가 조조에 대해 간웅이라고 잘못 알려졌지만, 실제의 조조야말로 의리와 인정 그리고 열정과 참된 인간미로 멋들어진 문사의 자질까지 겸비한 영웅이라며 그런 그의 모습에서 나의 어느 한 면이 호쾌하고 담백 진솔한 모습에서 조조라는 별칭을 지었다고 하였다. 나 역시 그 별호가 그리 싫지 않았고 그 이후 나 자신도 모르게 점차 지난 시절 위 나라의 영웅 조조의 행색을 동경하며 닮아가는 듯한 모습으로 보여진다는 것을 느꼈다.

석양의 해는 기울어도 염장군 기세는 이어졌고, 심술을 더해 숨이 턱턱 막힐 만큼 무더운 열기는 더해만 가고 코로나 역병은 날 보란 듯 기세를 부려 서민들 애환은 더욱더 깊어만 가는데. 이렇게 함께 하는 자리는 참으로 잘 어울리고 그 멋진 별칭 못지않게 나의 행동은 언제나 호쾌하며 때론 우수에 차기도 하였지만, 시국을 논하고 인생사 담론 때는 고뇌와 번민하는 모습도 간간이 노출하게 되었다.

어떤 이들은 지난 역사에서 삼국지의 조조를 간웅이라 묘사를 하며 그를 폄하하는 평가가 대부분이었지만 실상 조조의 진면목을 잘 모르고 편견에 치우친 경향이 대부분이라 난 진실하고 멋진 인간 조조의 실상을 은연중 드러내고 싶기도 하였다. 인정 많고 의리 있고 의협심을 바탕으로 때론 용맹함으로 위 나라를 좌지우지하였던 영웅 조조. 오랜만에 우린 고장 벌 로데오거리 주막에 자리를 폈으며 해는 기울어 가고 바람결 마 져 무거워 간간이 옷깃을 스치는데 오늘따라 또 봉이 통닭은 왜 이리 감칠맛이 나는지?

취기가 오르도록 담소를 나누는데 문득 남루한 과객의 시선은 술잔을 잠시 멈추게 하니 왜 그러시나요 하고 내가 물었더니 그 남루한 과객은 "배고파 밥 한 끼 사 먹을 돈 한 푼 주시면"이라고 하였다. 이 찜통더위에 걸인의 허름한 행색을 보며 얼마나 허기에 시달리고 지쳤을까를 생각하며 잠시 생각에 젖는데. 순간 동호 선생님이 호주머니를 뒤적이는 모습을 보고 난 주머니에서 만 원을 꺼내 주었다, 동호 선생님은 말없이 이런 내 모습을 보며 흐뭇한 미소를 얼굴 가득히 지으셨다. "역시 우리 조조 아우가 최고야. 어느 누가 이 어려운 상황에 낯 모르는 걸인에게 선뜻 만 원을 주겠는가?" 하면서 연신 소주잔을 들이키셨다. 순간 나의 대견함과 고마움, 그리고 역시 존경하는 선배이자 벗으로 인정미 넘치고, 따뜻한 인간애가 가슴 한쪽에서 조용한 울림의 메아리가 쳐 옴을 느꼈다.

그 남루한 과객은 이게 웬 횡재인가 싶은 맘에 고맙다며 그 돈으로 맛난 한 끼로 배를 채우기 위해 그 자리를 뜨고, 난 비록 얼마 안 된 푼돈이지만 그로 인해 그 걸인의 배고픔을 해결해 줬다는 마음에 작지만, 위안으로 흐뭇해지며 들이키는 생맥주 맛이 한층 더 시원함을 느꼈다.

우리는 석양이 지는 고잔벌 로데오 거리의 풍광을 뒤로한 채 하루의 여정을 차 곡 차 곡 채워 나가며 인생이 무엇인가? 재물, 권력 그것이 많아야 행복이라고 착각과 착시 속에서 우리는 삶을 살고 있다. 그러나 진정한 행복과 참된 삶 이란 과연 무엇일까?

난 비록 부자는 아니어도 언제나 곁에서 환한 미소와 건강한 모습으로 어려울 때마다 힘이 되어 주고 반기고 맞아주는 인생의 스승이자 벗이 있고, 집에는 사랑하는 아내와 반겨주는 아들과 딸들이 언제나 걱정해주고, 미소 짓는 내 피붙이가 있으니 이것이야말로 진정한 행복이 아닐까? 이보다 더한 행복이 또 어디 있을까?

　염장군 심술이 도를 넘고 코로나 역병으로 서민들의 삶은 갈수록 피폐해지는 어느 여름날 오후 존경하는 스승이자 삶의 벗인 동호 선생님과 고잔벌 로데오거리의 풍광을 맞으며 한 잔술에 낭만을 적시며 남루한 걸인의 멋진 인간애를 나누었던 한여름 저녁 내 느낌을 글로 대신해 본다.

　매미는 2주간의 울림을 위하여 7년이라는 기간 동안 땅속에서 기다리며 살아왔다고 합니다. 지금의 현실이 고단하더라도 잘 견디고 극복하면 기다림의 대가는 반드시 올 것으로 생각해 본다.

가족과 즐거운 날을 보냈다

　울진과 포항을 다녀왔다. 휴가라기보다는 여행이 더 어울릴 것 같다. 장소는 집사람이 잡았지만 관광 일정 및 내용은 딸아이가 챙겼다. 이렇게 막내딸하고 우리 부부가 여행을 함께 가는 것은 처음이었다. 거리가 꽤 멀고 익숙하지 않아 다소 불안도 하였으나 새로움을 찾아가는 마음은 설레며 들떠 있었고 한편으로는 긴장도 되었다. 들녘에는 벌써 벼들이 곧 이삭이 나올 것 같았고 아래 지방이라 그런지 생각보다 혼잡하지는 않았다. 또한 도심과 떨어져 있어서 공기도 맑고 상쾌하며 우리를 기다리기라도 하는 것 같아서 흐뭇한 마음이었다.
　울진에 도착 후 점심을 이곳의 명소로 알려진 대게 짜박이집 이었다. 조금 외진 곳에 있었으나 휴가철이라 그런지 몰라도 많은 사람이 북적인다. 처음 대하는 음식이라 조금은 어색하였으나 한 입 먹어보니 입에서 은은함과 이곳만의 정취를 느낀다. 대게를 찌고 갈아서 만든 것으로 순수한 고유에 장맛을 느끼듯이 찾는 이의 입맛을 사로잡기에, 충분한 맛집이었다.
　첫 행선지로 죽변 해안 스카이레일이었다. 약 2년 전에 개장이 되었고 바다를 배경 삼아서 타는 스카이레일은 새로움을 선사해 주는 느낌을 받는다. 탁 트인 광활한 바다도 볼 수가 있어 시야도 넓혀 주었고 맑은 동해도 약간은 볼 수 있었다. 그동안 TV로만 봤는데 직접 와 보니 실감이 났다.

　다음으로 약 2억5천만 년의 나이를 자랑하는 성류굴이었다. 총 연 장 870M(갈 수 있는 거리 330M) 입구에서 종착지까지 하나 같이 신비함에 놀랄 정도의 경관을 볼 수 있었다. 자연 조형이 금강산을 방불케 하여 일명 지하 금강이라고 불린다고도 한다. 굴 내의 바위도 조금씩 자란다는 것을 알고 자연의 이치에 다시 한번 놀라움을 자아낸다. 좁은 길도 있고 바위의 날카로움도 있어서 반드시 입장 시에는 헬멧을 꼭 써야만 한다.

　첫날의 마지막 일정을 맞추고 저녁에 먹는 곤드레밥은 정든 고향의 손맛을 느낄 정도의 매우 훌륭한 밥상이었다. 노부부가 운영하는데 시골에 와서 부모님들이 만들어준 그런 맛이었다. 다음에 갈 일이 있으면 다시 한번 가고 싶은 곳이었다.

　첫날 밤은 덕구 온천 호텔에서 여정을 풀었다. 온천수는 손대지 않아도 솟는 국내 유일의 순도 100% 자연용 출 온천으로 42.4도의 약알칼리성 온천수로 몸과 마음을 내려놓고 쉴 수 있는 공간이었다.

　둘째 날은 금강소나무 숲길로(금강송) 왕복 5.3km인 가족 탐방로 제7구간으로 약 3시간 정도가 소요되었다. 국내에 보존하고 있는 국보급 문화재에 쓰이는 목재는 여기서 거의 다 조달한다고 한다. 산림욕도 제대로 듬뿍 받은 날이었다. 이어서 후포 등기산 하늘 산책로로 바다 위에 설치가 되어 높이 20m 길이 135m로 유리로 바닥을 만들어 놓아 걷는 이의 마음을 오싹하게 했다. 입장 시에는 유리의 훼손을 방지하기 위하여 덧버선을 신어야 들어갈 수가 있었고, 57m의 강화유리 바다 구간은 스릴을 즐기기에 아주 좋아 당장이라도 바닷속으로 빠질 것만 같은 아찔함도 느꼈다.

맨 끝에 설치된 선묘라는 은빛 조형물은 사랑하는 사람을 위해 용이 된 선묘의 모습으로, 용과 인간의 반수반인의 모습을 형상화한 작품이라고 한다. 구름다리(출렁다리)로 서로 연결이 되어 있어 등기공원 내 한마음광장, 여러 조각품과 등대, 등기산 유적지, 정자, 휴게시설 등을 함께 둘러볼 수가 있었다.

이어 포항 스페이워크를 찾았다. 포스코가 기획 제작 설치하여 포항시민에게 기부한 국내 최대규모 체험형 조형물인 스페이워크로 관람객이 바라만 보던 작품, 만지면 안 되는 작품에서 직접 작품 속으로 걸어 들어가 예술과 관객이 하나의 풍경이 되는 조형물로 국내에서 보기 힘들었던 새로운 개념의 체험형 조형물이었다.

길이가 333m 높이 27m 계단이 717개로 이루어져 포항 시내 일대를 한 눈으로 볼 수가 있고 오르고 내리는 계단에서의 스릴을 처음으로 느낄 수 있었다.

마지막으로 한반도의 동쪽인 포항 호미곶으로 대한민국 일출의 명소이고 바다에서 손이 올라와 있는 조형물로 상생의 손으로 알려져 있다. 광장에는 2만 명분의 떡국을 끓일 수 있는 가마솥이 있어서 오고 가는 사람들의 관심이 높은 곳이다. 여기까지 왔으니 영덕 게 맛을 보기 위해 대게 닷컴으로 가서 마지막을 영덕 게로 배를 채우고 마무리를 했다.

　짧은 일정이었으나 많은 여운과 추억으로 남을 소중한 날들이었다. 누구나 여행이란 새로움을 선사해주고 있다. 일상에서 보지 못한 것들을 통하여 삶의 생기도 찾고 의미도 느끼는 것 같다. 자주 갈 수는 없으나 여유를 가지고 간다면 더욱더 알차고 유익한 삶의 한 부분이 될 것으로 생각해 본다.

　.

타고난 운명

내게 주어진 어떠한 일이든 기다리며 두고 볼 수 없는 성격 때문에 부질없는 마음고생을 하며 산다. 업무적인 일이나 사소한 사안이 있어도 그냥 지나치지 못한다. 일 자체를 쌓아놓고 있다는 게 용납이 안 되기 때문에 어떤 일이 생기면 자신도 모르게 조급증이라도 생긴 것처럼 행동한다. 그렇다고 일을 그르치거나 못하는 건 아니다. 주어진 업무를 하면서도 나만의 스타일이 있어서 그런 것 같다. 말도 빠르고 급한 성미까지 있다. 지금은 많이 기다리고 참을 때도 있지만 젊어서는 그러지를 못했다. 지금도 아내에게 미안한 게 그때의 나 자신을 탓하지 않고 참고 가정을 지키며 기다려 주었던 게 정말 고마웠다. 자신을 희생하더라도 가족이 평온하기를 바랐을 것이다. 더군다나 지나칠 정도로 깔끔한 홀시어머니와 함께 살면서 살아온 날들을 잘 견디면서 살아준 아내에게 다시 한번 고마움을 전하고 싶다. 공과 사는 구분하고 업무를 하면서도 적당하게 하지를 못하고 확실하게 하는 모범생처럼 살았다. 어떤 때는 남의 시선도 의식하면서 자기 모습도 비교해 보기도 하며, 그렇게 모나지 않고 사는 자신이 한때나마 고맙다는 생각도 들었다.

아내하고는 성격이 많이 다르다. 아내는 남에게 피해를 주지 않고 가족을 위해서 살았고 살림을 본인의 스타일대로 아기자기하게 꾸미며 사는 모습과 가족이나 이웃에게 나누고 베푸는 것은 좋았지만 깔끔함, 그리고 세심함은 약간 부족했다. 그에 반해 나는 매사에 적당히가 통하지도 않았다. 작거나 사소한 부분은 있을 수도 있었으나 웬만하면 정도를 갈려고 했다. 일상생활 중 함께 하는 일이나 모든 행동에서 항상 앞섰다. 몸에 익숙해져 있고 타고난 성격이기에 어쩔 수가 없는 것 같다. 또한 무슨 일이 있으면 참고 견디지를 못한다. 바로 하든지 아니면 대안이라도 갖고 있어야 위안이 된다. 그렇지 않으면 제대로 잠도 못 자면서 고뇌에 빠져 잠을 설치는 경우가 많았다.

그렇다고 대단한 능력이나 문제를 해결하는 것도 아니면서… 때로는 비굴한 모습도 보인다. 소기업을 운영하다 보니 모든 게 내 뜻대로 안 되는 일도 있었다. 혼자는 살 수 없기에 함께 더불어서 살다 보면 나는 아닌데도 따라갈 수밖에 없는 경우가 많다. 특히 사기업보다는 공공기관에서 더욱더 그런 모습을 많이 봤다. 거래처가 대부분 공공기관으로 업체를 대하는 자세가 자기네의 입장에서만 생각하고 처리를 하려고 한다. 이로 인해서 잦은 다툼도 있었다. 변화가 되었다고는 하지만 아직도 기존 고정관념에서 벗어나지 못하는 경우가 많다.

사람을 처음 볼 때는 서로가 어색하기도 하고 낯설지만 자주 보면서 대화를 하게 되고 알고 나면 편안하고 자연스러운 관계로 이어졌으며, 제대로 본 사람은 절대 배신을 안 했다. 항상 언제 어디서나 변함없는 마음으로 그 자리를 지키고 있었기 때문일 것이다.

이런 자신이 꼭 좋은 것만은 아니다 자신의 마음에 족쇄라도 채우면서 사는 것 같기도 하다. 하지만 지금의 자신을 보면 그렇게 살아왔기 때문에 현재의 모습으로 있지 않나 생각한다.

이러한 나의 모습이 되기까지는 어렸을 때 성장과정을 보면 이해가 된다. 전북 진안이라는 시골동네로 그때만 해도 집성 촌으로 많이 살았다. 나는 혼자 외롭게 자랐고 아버지가 막내이고 자신 역시도 늦둥이로 태어나 아버지의 형제나 사촌, 그리고 이웃들로 부터 무시를 많이 받고 자랐다. 어려서 이런 위축된 상태로 살았고 아버지 역시 술을 좋아하셔서 주위로부터 좋지 않은 소리를 많이 들어서 나도 어쩔 수 없이 그러한 대우를 받을 수 밖에 없었다. 그때의 설움을 지금도 잊지 못한다. 아버지로 인하여 친척들이나 이웃들에게 조소 섞인 소리를 들었던 기억은 두고 두고 나의 뇌리를 지배하고 있다.

그때의 설움을 모두 달래지는 못했지만 이미 지나간 과거, 현재의 난 사랑하는 아내와 아들, 딸을 두고 곁엔 친한 벗, 그리고 언제나 나를 지켜주는 스승이자 형도 있어 즐거운 삶을 사는 모습이 너무 감사하다는 생각이 든다.

인연의 매듭을 푸는 것은 상대를 바꾸려는 것이 아니라 나를 돌아보고 나를 바꾸는 데서 출발을 해야 한다고 하듯이 지나온 세월이 밑거름되어 오늘의 행복함을 누릴 수 있었다.

평생 배우며 살자

배우고 알아 가는 것은 기간이 정해져 있는 게 아니다. 다시 말하면 평생을 배우면서 살아야 한다는 것이다. 지난해에 새롭게 도전을 한 스피치교육은 나에게는 소중하고 잊지 못한 의미를 부여해 주었다. 무언가를 찾아서 공부한다는 것은 쉽지 않다. 유튜브크리에이터를 하면서 스피치에 필요성을 느껴서 배우게 되었다.

목소리의 크기와 길이 등 높낮이가 있다는 것도 알았고 말을 할 때도 자신만의 프레임을 갖고 해야 하는 것도 알았다. 스피치란 한마디로 말하면 나와의 이해관계가 있는 사람들과의 설득과 공감이라고 말할 수 있다. 짧은 기간이었으나 많은 것을 알게 되었고 새로운 사람도 접하게 되어 더 없는 소중한 시간이었다.

처음에는 많이 어색하였고 불편함도 컸다. 처음 만나는 사람과의 관계도 어색하였고 처음 접하다 보니 모든 게 생소하였다. 지도선생님도 그런 어려움을 극복해야 만이 자연스러운 관계가 설정된다고 하여 끝까지 빠지지 말고 들어보자는 생각이었다. 매주 한가지의 주제를 주고 3명 또는 4명이 한 조를 이루어 3분 스피치를 하다 보니 조금씩 변화가 일어나기 시작하였다.

이러한 과정을 14주 동안 해오면서 말하는 방법이나 태도 또는 질문하는 것 등도 달라져 감을 느낄 수 있었다. 우리가 대중 앞에서 발표하는 것 자체가 마음에 큰 부담으로 온다. 그런 것을 극복하려면 이러한 과정을 거쳐야 만이 그나마 편하게 말할 수가 있을 것 같다는 것을 알았고. 많은 사람 앞에서 자신의 의견을 말한다는 게 쉽지 않다. 그만큼 내공이 필요하고 평소에 준비해야 가능하다는 것을 알게 되었다.

자신이 원하고 갈급함이 있었기에 배우는 날이 많이 기다려졌고 또 함께하는 동료 교육생들이 매번 새로운 기분으로 볼 수 있어서 즐겁고 행복한 시간이었다. 나도 모르게 변해가는 모습이 대견스럽고 자랑스럽다는 생각도 들었고 자신감과 더 나아가 자존감도 맛볼 수 있었다.

남, 녀, 노, 소 누구나 할 수 있지만 이렇게 늦게라도 이런 공부를 할 수 있어서 다행스러웠다. 한평생을 살면서 흥망성쇠는 자신이 하기에 달렸다고 본다. 노력하지 않고 찾으려 하지 않는다면 현실에 안주하게 되고 삶의 희망과 꿈도 없으며 가치 있는 삶을 살 수 없을 것이다.

말하는 것이 지식의 영역이라면 듣는 것은 지혜의 영역이라고 한다. 어떻게 시작하고 말을 하느냐에 따라서 듣는 상대방도 좋은 이미지로 남을 수도 있고 아닐 수도 있다. 가능하면 70%는 듣고 30%는 말을 한다면 대화가 잘 된다고 본다.

자신을 알리고 홍보하는 데도 유용하게 활용을 할 수 있을 것 같다. 3분 스피치를 하다 보니 시간 내에 하려면 평상시에 반복적인 학습이 필요하다. 자신만의 연출을 꾸준히 할 수 있는 동기부여를 받았다, 인간은 살아가면서 나도 모르게 설득을 당하기도 하고 설득을 하기도 한다.

　우리 주위에는 공부를 싫어하는 사람들이 많다. 부모가 억지로 시켜서 공부하게 된 많은 우리나라 청소년들은 공부 혹은 독서라는 단어가 흥미라는 단어와 어울리는 것을 도저히 이해하지 못할 수도 있다. 그러니 우리 주위에는 학구적인 사람보다 배움이나 공부를 싫어하는 사람이 더 많고, 이상하게 학구적인 사람은 오히려 별종으로 생각되기 쉽다. 아니나 다를까 우리나라의 청소년들은 학력은 높으면서도 공부에 대한 흥미도는 OECD 국가 중에서도 최저라고 한다.

　우리나라는 과거제도의 영향으로 순수한 학문적 동기에 의해 공부하기보다 부귀영화를 얻거나 출세를 하기 위해서 공부를 하거나 독서를 하는 일이 많았으며, 그래서 대학을 졸업하고 직장을 얻고 나면 독서나 공부가 중단되는 일이 다른 나라보다 매우 심해졌다고 한다. 나는 한 우물을 파지 못하고 이것저것하고 돌아다닌 사람이지만, 그래도 내가 알고 싶은 것을 알기 위해 꾸준히 책을 읽으며 살아가고 있다.

　아리스토텔레스는 "인간은 평생 알려고 하는 욕구를 가지고 태어났다."라고 말했다고 한다. 아리스토텔레스 같은 뛰어난 학자가 자기 자신과 인간을 구분하지 못하지는 않았을 것이다. 인간은 알려고 하는 욕구를 지니고 태어났지만, 학문이 출세와 부귀영화를 누리기 위한 도구로 전락하면서 사람들이 책을 읽고 토론하고 배우며 살아가는 즐거움을 잊어버리게 된 것일 뿐이다. 세상엔 높은 학력을 가진 사람과 낮은 학력을 가진 사람이 있는 것이 아니고, 알고자 하는 본래의 욕구를 가진 사람과 그렇지 않은 사람이 존재한다. 알려고 하는 욕구를 가진 사람을 만나 서로 물어보고 답변을 하는 일은 정말로 즐거운 일이다.

따라서 어려운 것을 나에게 유리하게 할 수 있도록 해야만 경쟁에서 살아남을 수 있을 것이며, 무언가를 배우면서 노력을 한다면 내면의 크기를 키울 수도 있고 그 크기만큼 자신의 역량도 높아질 수 있다고 본다. 꾸준하게 목표를 갖고 노력한다면 그 삶이 더 알차고 가치가 있을 것이다. 인생을 살면서 자신감을 잃으면 온 세상이 다 나의 적이 될 수 있다. 적을 안 만들려면 스피치를 배우는 것이 필수라고 하는 생각을 해 본다.

14주 동안의 배움을 통하여 변화되어가는 자기 모습도 보았고 그 어떤 자리에서도 자신 있게 당당한 모습으로 살 수 있을 것 같아 흐뭇한 마음이다.

행복의 첫 단추

계절의 변화를 즐기면서 조카의 결혼식에 참석하고 왔다. 시내가 아닌 화성 시내에서도 떨어진 곳에 있는 예식장으로 도심 내에서는 볼 수 없는 환경과, 들녘에 펼쳐지는 논과 밭 산들이 잘 어울려 정신적인 안정과 즐거움을 주었다. 자주 볼 수 없는 풍경으로 모처럼 일가친척들도 볼 수 있었고 덕담도 나눌 수가 있었다.

처가의 고향인 남원과 전주에 사는 처형이 참석하여 더욱 자리가 빛이 난 것 같았고, 큰 처형은 자궁암 수술까지 받고 갓 퇴원한 몸으로 회복도 제대로 안 되었건만 참석하셨다. 또 조카들까지 함께해주어 한층 뿌듯함을 주었고 처음으로 보는 조카도 있어서 나에게는 신선한 느낌도 받았으며 친척들의 소중함도 알았다. 조금 아쉬운 것은 장모님께서 몸이 불편해 함께하지 못한 게 많은 마음 한편으로는 허전했지만, 건강이 안 좋으니 어쩌랴.

오늘 결혼한 조카의 나이가 오십이 다 되어서 혼인을 한다는 게 쉽지 않았고, 결혼을 포기 한 걸로 알았는데 좋은 인연을 만나 결혼을 하였으니 이 얼마나 경사스럽고 자랑스러운지!

혼기를 놓치고 혼자 사는 경우가 많다. 주변에 보면 알만한 사람들도 꽤 된다. 혼자 사는 사람들을 보면 누가 옆에 있는 것도 싫고 집에 온다는 것도 원치를 않는다. 그만큼 혼자 사는 게 익숙해졌다고 본다. 모든 생활을 혼자서 하니 누가 옆에 있는 게 귀찮고 걸림돌로 여기는 것 같다. 나도 2년 전에 고관절 수술 후 지금까지도 집사람과 각방을 쓰고 있다. 그동안 함께 잘 때는 그러려니 하고 살았는데 혼자 자는 습관이 몸에 배서 그런지 옆에 누가 있는 게 엄청 거추장스럽고 불편하다.

　결혼이란 단순히 만들어 놓은 행복의 요리를 먹는 것이 아니라, 행복의 요리를 둘이 노력해서 만들어 먹는 것이다. 둘이 하나가 되었다고 해서 행복이 저절로 오는 게 아니라 서로 관심을 갖고 노력해야 한다. 아무리 잘났고 유명한 사람이라고 해도 항상 웃을 수만은 없다. 검은 머리가 파뿌리가 되듯이 살다 보면 다양한 방법으로 다투기도 하고 견해차로 인하여 골이 파이기도 하는 등 불편함도 많다. 모든 것을 스스로 깨닫고 잘못된 것이 아니고 다르다는 것을 알고 살아야 한다.

　짧은 만남이었지만 처가 친척들을 이런 때나 겨우 볼 수 있다는 게 안타까웠고, 그나마 나이가 들어도 움직일 수 있고 활동할 수 있어서 만남으로 이어지는 게 고마운 마음뿐이다.

　그동안은 어머니하고 둘이 살았는데 이제부터는 셋에서 살아야 하기에 조금은 걱정이 된다. 둘이 살 때는 나 하고 싶은 대로 하고 살았지만, 지금은 그럴 수가 없지 않은가! 지금까지는 그렇게 살았지만, 앞으로는 더욱더 조심하고 홀로 계시는 어머님께 도리를 다하면서 가족을 돌봐야 하는 책임이 있다. 명심하고, 새사람이 들어와서 집안에 좋은 일만 생기기를 간절한 마음으로 기대한다.

철학자 소크라테스는 남자는 좋은 아내를 얻으면 행복한 사람이 되고 악한 아내를 얻으면 철학자가 된다고 한다. 모든 것에 다 만족은 할 수 없지만 서로 좋은 남편, 아내가 되었으면 하는 바람 간절하다.

그대 사랑 가을 사랑/단풍 일면 그대 오고 그대 사랑/가을 사랑 낙엽 지면 그대 가네 그대 사랑 가을 사랑 파란 하늘 그대 얼굴/그대 사랑 가을 사랑 새벽안개 그대 마음/가을아 가을 오면 가지 말아라/가을은 내 맘 아려나/그대 사랑 가을 사랑 저 들길 엔 그대 발자국/그대 사랑 가을 사랑 빗소리는 그대 목소리/ 가을아 가을 오면 가지 말아라/가을 가
을 내 맘 아려나 그대 사랑 가을 사랑/저 들길엔 그대 발자국/그대 사랑 가을 사랑 빗소리는 그대 목소리/우.우.우.

-〈가을사랑〉 노래 ·신계행

PART_2

봄이 오는 소리

건강의 소중함

거주지 인근에 있는 안과를 방문하여 안구건조증이라는 병명으로 치료 목적으로 다녔다. 모든 동, 식물을 보면서 느끼는 게 갓 태어나서는 건강하고 때 묻지 않아 얼마나 보기가 좋고, 싱싱하며 아름답게 보이는지. 그런 모습을 보면서 우리는 지금에 이르지 않았는가? 계절도 봄, 여름, 가을, 겨울이 있듯이 우리네 인생도 언젠가는 그것에 맞게 가야 할 때가 있다. 가기 싫어도 가야 하는 게 태어날 때부터 타고난 운명인데, 바람과 눈비를 맞으면서 열심히 살아온 흔적으로 주름살이 소나무 껍질처럼 골이 파였고, 갈라진 모습으로 지친 삶을 허덕이며 지낸 채로 사는 것이 훈장은 아니지만 그나마 인생의 나이테로 자랑스럽게 보여주고 있는 나인데. 나만이 아니고 많은 사람이 이런 마음이 아닐는지!

우리는 지금 웰빙 시대에 살고 있다. 이 말의 의미는 바로 행복, 안녕, 복지, 복리라는 뜻으로 주어진 인생을 건강하며 행복하게 살라는 뜻이 아닐까? 누구나 이렇게 살고 싶지만, 자신의 의지와 무관하게 가기 싫어도 가는 곳이 병, 의원이다.

안과는 약 2년 전부터 눈이 건조하고 피로도가 심해서 치료 목적으로 다녔으며 갈 때마다 크게 걱정은 안 해도 된다고 하면서 안약과 눈물 약을 주었다. 그렇게 계속 다녀도 치료가 안 되는 것 같아 또 다른 안과를 갔는데 그곳에서는 눈에 염증이 생겨서 그렇다고 한다. 그러면서 이틀에 한 번씩 와서 치료받으라고 한다. 10여 차례 다녔으며 호전이 되거나 변화가 없어 어쩔 수 없이 상급병원에서 진료받고 싶어 진료의뢰서를 받아 상급병원에 예약하고 1개월 후에 겨우 진료를 받을 수 있었다. 결과는 변함이 없으나 치료 방법이라도 다를 것 같은 기대감이 컸다.

　내가 원하고 바라던 치료는 나만의 기대였고, 받은 약물로 치료를 하는데 더 악화하는 것 같아서 다시 찾아 결과를 말하니까 담당 의사도 그런 방법으로 치료를 현재 자신도 하고 있다고 하면서 불편하더라도 참고서 하라는 말만 들었다, 처방 및 치료 방법은 처음 갔을 때하고 똑같았다.

　병은 누구보다도 자기 자신이 잘 안다고 하듯이, 판단은 나의 몫이 되어 생각하던 차 처음 갔던 병원으로 가서 받아온 약물을 보여주면서 병명도 안구건조증이라고 하며, 이 병원에서 말한 것과 같다고 말하였더니 참고하여 새로운 처방을 해주어 치료받고부턴 현재는 점차 더 좋아지는 듯하다.

　병원은 3가지의 종류가 있다. 1차 병원은 의원이나 보건소이며, 2차 병원은 병상이 100개 이상이어야 하고 진료과목은 적어도 7개 과목이 필수이며 과목마다 전속하는 전문의를 1명 이상 두어야 하고 진료 기능, 교육 기능, 인력, 시설·장비, 질병군별, 소요 병상 충족도 등으로 구분하여 평가받고, 1차 병원과 마찬가지로 진료의뢰서가 없어도 가능하다. 마지막으로 3차 병원으로 대학병원은 500병상 이상, 대학병원이 아닌 종합병원은 700병상 이상이어야 하며 최소 진료과목이 9개가 있어야 하고 각 과에는 3년 차 이상의 레지던트가 있어야 한다.

가까운 곳에 전문의들도 다 이런 경험을 하고 개업을 한 경우이기 때문에 치료에 대하여는 다소간 차이는 있겠지만 큰 차이는 없는 걸로 보인다. 그런데 상급병원은 병원비도 배 이상 비싸다. 우리는 무조건 큰 병원으로 가야만이 제대로 치료를 받는다고 하는데 한 번쯤은 생각해야 할 것 같다. 이번의 현실을 보면서 정답은 없지만, 지역 병, 의원에서 치료받아보고 꼭 필요한 경우만 상급병원을 찾는 게 현명한 대처가 아닐까 생각해 본다.

슈바이처는 환자 안의 의사가 일하도록 돕는 자를 의사로 정의했다. 의사가 주인공으로 진두지휘하는 것이 아니라, 환자 스스로 나을 수 있는 환자 안의 의사임을 깨우는 촉진자가 되는 것. 의원의 공간연출도 환자 안의 힘을 키우는 에너지를 흐르게 하는 곳이어야 하며 환자 스스로 병마와 싸워 이길 수 있도록 하는 것. 이것이 진정한 치료가 아닐까.

주치의와 함께 울고 웃는 순간들은 점점 늘어가고, 깊은 감정을 나누다 보면 친밀함이라는 건, 자연스럽게 자라 나기도 한다. 환자마다 친밀해지는 속도도, 친밀함을 표현하는 형태도 다르지만, 그것은 결국 상호 간의 신뢰와 믿음이 형성되고 있음을 뜻하기에 나는 그런 변화를 보면서 내 마음도 평안해 짐을 느낀다.상처에 새살이 돋아나듯 믿음이 자라나면 그들은 더 이상 나를, 이 세상에 대하여 두려워하지 않아도 된다. 우리는 개인일 때 취약하다고 느끼지만 상호 간 서로 연결되어 있다고 생각되면 든든하고 의지가 되며 편안해진다. 좋은 의사가 되려면 환자가 이불을 뒤집어쓴 채 자신만의 공간을 만들고 그곳에서 사투를 벌이고 있을 때 더 해줄 것이 없다. 다만 이런 광경을 지켜봐야만 하는 마음의 아픔조차도 이겨내며, 때로는 '제발 한 번만 먹어줘.'라는 애원을 잠깐 멈추고 아픈 아이를 사랑으로 돌보는 어머니의 마음으로 환자 내면의 깊은 곳을 살펴봐야 할 때도 있어야 한다. 생명을 소유하고 있는 바로 그 사람의 결정을 전인격적으로 존중하고 그 신념을 지켜나갈 수 있도록 돕는 것. 그것이야말로 진정한 의료인이 해야 할 중요한 일 중의 하나가 아닐까.

나에게 주어진 시간은 전혀 영원하지 않고 사랑하는 사람들은 언젠가 떠날 수 있다는 것, 앞으로 무슨 일이 일어날지 모르니 행복을 유예해서는 안 된다는 것이다. 모두가 각자의 아픔이 있다는 것이며, 누군가를 애써 미워하기에는 인생은 너무 짧다는 평범한 진실을 나는 뼛속 깊이 새기고 있어서 삶의 모든 순간이 충만해졌다. 놀랍게도 나는 다른 어떤 삶을 살았더라도 지금보다 행복할 자신은 없다.그러니까 나는 내 이야기를 가지고 사람들에게 위안을 주고 싶었다. 나도 그러했다고 말하고 싶었다. 그러려면 아픈 사람들과 가장 가까운 곳에 있어야 한다. 누군가 가장 약해지는 순간에 제대로 위로하기 위해, 진짜로 마음에 와닿는 말을 해주기 위해서, 고통을 덜어주기 위해서, 나는 분명 내가 조그마한 힘이라도 도움을 줄 수 있으리라고 믿으면서, 인생의 황혼기인 환갑이 지나면서부터는 건강이 가장 소중하다는 말이 새삼스러움이 아님을 가슴으로 느끼게 되었다.

긴 터널에서 벗어나다

　1년 전 고관절 수술을 받았다. 아픔을 견디면서 지내왔던 생각이 주마등처럼 스친다. 다리에 통증이 있어 하루하루를 보내는 게 무척 어려웠다. 수술을 안 할 수가 없어서 하게 되었다. 아픔이란 어느 날 갑자기 생기는 것이 아니다. 몇 년 전부터 조금씩 증상이 있었고, 여러 차례의 통증으로 인하여 그때마다 병원 신세에 의지해 왔는데 더 이상 견디기가 힘들어하게 되었다.
　통증으로는 고관절을 중심으로 주변이 뻐근하고, 다리를 조금이라도 움직이거나 걸을 때 그리고 쪼그리고 앉을 때면 움직임이나 행동이 쉽지 않았다.
　마음대로 눕거나 앉을 수도 없었다. 잠을 잘 때는 돌아누울 수도 없어 아주 고통스러웠으며, 움직이지 않고 가만히 있으면 괜찮기도 하고, 몸 상태가 좋거나 날씨가 화창하면 증상이 나타나지 않으니 나만의 속앓이를 할 수밖에 없었지. 이런 마음 나 말고는 누가 알까? 주치의도 통증을 참을 수 있을 때까지 참다가 그래도 견디기가 힘들면 그때 수술을 하자고 했다.
　이런 증상이 19년 전에도 있어서 그땐 오른쪽 수술을 했다. 당시에도 양쪽 다 증상이 있었고 수술을 해야 한다고 하였는데 우선 증상이 심한 쪽인 오른쪽을 먼저 하였다.

그때만 해도 고관절이라는 수술은 큰 수술이고 웬만한 병원에서는 할 수가 없었을 때였다. 어쩔 수 없이 서울에 있는 병원에서 수술하였다.

나는 살아오면서 수술을 안 하며 살 것으로 생각하며 살았건만 전신마취까지 하면서 하는 수술을 한다기에 겁이 났다. 혹 여나 잘못되기라도 하면 어떨까 하는 생각도 들었다.

병원에 입원해 수술받던 날 가족들의 마음은 어땠을까? 집사람은 얼마나 걱정이 되었는지 밥도 제대로 못 먹고 흐느끼며 수술실 앞에서 잘 되어 나오기를 간절한 마음으로 빌었다고 하였다. 그 염원의 도움인지 무사히 수술은 잘했고 경과도 좋았다.

고관절증상은 의학용어로 무혈성(無血性)괴사라고 한다. 뼈에 혈액 공급이 안 되면 뼈가 죽는다는 뜻이다. 원인으로는 과음을 하거나 의약품으로 스테로이드의 과다 복용, 심한 충격 등이 있으나 꼭 그런 것만은 아닌 것 같다. 운동선수나 젊은 사람도 흔하게 증상이 있는 것을 보면 신체적인 결함으로 인한 예도 있는 것 같다. 수술 후에도 3주 이상 입원해서 진료받아야 했고 5개월 이상 목발을 짚고 생활을 하였으며 매년 정기적인 검사를 받아야 했다.

이런 증상으로 왼쪽 고관절도 마저 할 수밖에 없었다, 통증이 심하니 참는 것도 무리지만 언젠가는 해야 하기에 더 이상 고민 안 하기로 했다. 오른쪽 할 때보다는 수월했다, 수술 내용은 같지만, 그동안 많은 발전이 되어서 지금은 인근의 병원에서도 다 할 수가 있어 처음 할 때보다는 중대한 수술이라는 생각은 안 해도 되었고, 수술 후 일주일 만에 퇴원했다. 3개월 정도는 고생하였으나 처음보다는 쉽게 일상생활을 할 수 있어서 다행이었다.

이렇게 입원까지 하면서 수술을 하는 것이 나의 일이 아니고 남의 일인 줄만 알았건만, 수술해서 지내는 사람을 생각하니 대단하다는 생각도 들었다.

그에 따른 후유증도 많았다, 가장 힘들었던 것은 통증보다도 우울증이었다, 외출이 어렵고 활동이 제한적이다 보니 마음의 안정을 찾을 수가 없었던 게 큰 부담일 줄 누가 알까?

제대로 걷지도 못하고 활동의 제약을 받다 보니 건강하게 두 발로 걷는 사람만 봐도 얼마나 부러운지…. 하루라도 빨리 회복이 되어 종전처럼 살 수 있기를 마음속으로 되뇌며 지냈던 날들이 새록새록 생각이 났다.

퇴원 후 온 가족이 있는 가운데 나의 모습이 너무나 나약해 보여 우리 집에서 내가 제일 부담을 주는 존재가 되었다고 말하였다, 부모로서 자식에게 어려움을 안겨 주는 내가 되어서는 안 된다는 생각, 가족들에게 도움은 못 주어도 부담을 준다고 생각을 하니 마음에 울적함과 허전함도 느꼈다!

두 번의 수술을 하면서 경제적인 어려움도 있었지만, 가장으로서 활동도 못 하고 가족의 돌봄을 받으면서 산다면 이 얼마나 무책임한 "삶"인가 하는 마음으로 건강관리에 많은 노력을 해야 하겠다는 생각이 들었다.

재물을 잃으면 적게 잃은 것이고 명예를 잃으면 많이 잃은 것이고 건강을 잃으면 다 잃은 것이라는 말처럼 지난날의 어려움을 겪어오면서 스스로 자기관리를 잘해야 하겠다는 생각에 긴 터널을 벗어난 듯한 느낌이 드는 건 왜일까?

더위와 함께한 휴가

　여름의 한복판에서 더위를 피하기보다는 즐긴다는 생각으로 가족 여행지로 안동을 선택하여 다녀왔다. 그동안 말로만 들어왔지만 직접 찾으니 지난 역사의 숨결 그리고 고려시대, 조선시대를 넘나들면서 이루어놓은 우리 선조들의 놀라운 유품과 건축물을 생생하게 볼 수가 있었다.
　여름휴가로 생각 없이 가는 것보다는 내용이 있고 가치를 느낄 수 있는 곳이라 생각하고 1박 2일 일정에 맞게 준비하였고, 안동터미널에 도착하여 첫 번째로 느낀 점은 도심 전체가 정리 정돈이 잘 되었으며 아늑하고 여유로움을 느낄 수가 있는 반면 인구는 15만 명에 불과한데, 전국규모로 최고의 면적을 가지고 있었고 규모에 비해서 각종 인프라도 잘 되어 있었다. 이 지역에서 주로 생산이 되는 농작물로는 가장 많이 생산되는 것이 사과이며, 고추, 콩 등도 생산이 된다고 한다.
　안동문화관광단지는 안동의 핵심 관광지인 월영교, 낙강물길공원, 안동댐, 도산서원, 하회마을, 봉정사, 병산 서원, 월영교, 만유정, 부용대 등 관광명소로 새로운 부상과 지역경제 활성화에 기여

할 것으로 기대를 한 몸에 받고 있으며 이 중에서 하회마을, 봉정사, 도산서원, 병산 서원은 유네스코 세계유산으로 등재가 되었다.

특히 월영교란 명칭은 시민의 의견을 모아 댐 건설로 수몰된 월영대가 이곳으로 온 인연과 월곡면, 음달골이라는 지명을 참고로 확정이 되었고 낙동강을 감싸듯 하는 산세와 댐으로 이루어진 울타리 같은 지형은 밤하늘에 뜬 달을 뇌리에 각인되게 한다.천공으로부터 내려온 달을 강물에 띄운 채 가슴에 파고든 아린 달빛은 잃어버린 꿈을 일깨우고 다시 호수의 달빛이 되어 아름다운 기억으로 남고, 월영교는 이런 자연풍광을 드러내는 조형물이지만, 그보다 이 지역에 살았던 이응태 부부의 아름답고 숭고한 사랑을 오래도록 기념하고자 했다.

먼저 간 남편을 위해 아내의 머리카락으로 만든 한 켤레 미투리 모양을 이 다리 모습에 담은 채 그들의 아름답고 애절한 사랑을 영원히 이어주고자 오늘 우리는 이 다리를 만들고, 그 위에 올라 그들의 숭고한 사랑의 달빛을 우리의 사랑과 꿈으로 승화시키고자 한다.

숲과 자연, 잔잔히 흐르는 물과 은은한 조명, 전통과 현대, 역사가 함께 어우러진 안동 월영교 일대가 여름 휴가철로 주목받는다. 최근 안동시립박물관을 비롯해 월영교, 빛의 정원 등 안동호 보조호수 일대에 조성된 조명을 새롭게 정비해 관광객들이 야간 경관에 매료되도록 하면서 국내 최대 야경 명소로 탈바꿈을 하였다.수향(水鄕) 안동의 매력을 가장 잘 담아낸 월영교는 지난 2003년 완공된 폭 3.6m, 길이 387m에 이르는 우리나라에서 가장 긴 목책교로, 그 주변에도 다양한 관광자원이 많다. 특히 날씨가 좋은 날이면 어디서 사진을 찍어도 인생샷을 남길 수 있는 안동 비밀의 숲, 낙강물길공원은 덤으로 다가왔다.

휘영청 달빛을 머금은 월영교는 딴 세상을 온 듯한 것 같다, 날씨가 좋은 낮에 월영교를 걸으면 시원하고 포근한 느낌이 들고, 밤에 찾는 월영교는 각종 경관 조명으로 아름다운 야경을 자랑하며 기온 차로 물안개가 피어날 때는 마치 다른 세상인 것처럼 몽환적이기까지 하다.낙동강을 감싸는 듯한 산세가 절경을 보여주며, 어둠이 진하게 물들면 몽환적인 야경의 운치를 느낄 수 있으며, 다리 양옆의 분수대도 시원한 물줄기를 내뿜으면 월영교 중앙 팔각정에서 인생샷을 찍고 다리 아래 문 보트를 타면 소원이 이뤄진다고 한다.

월영교에서 감상 포인트 중 하나는 다리 중간에 있는 정자 월영정을 양측 입구에서 바라보고, 직접 정자에서 앉아 주변 풍광을 즐기는 방법이 있다.

월영교 입구에서 시작해 월영정을 지나 다리 끝에 도착하면 왼쪽은 안동시립박물관과 민속촌, 오른쪽은 435년 전 31살의 젊은 나이에 황망하게 떠난 남편에게 쓴 편지의 주인공인 원이 엄마 테마길이 나온다.

월영교와 이어진 안동호반 나들잇길도 좀 더 산책을 즐기기 위한 이들에게 인기다. 지난 2013년 안동시의 승격 50주년 기념으로 만들어진 호반 나들잇길은 길 전체가 나무 데크로 이어져 있어 남녀노소 누구나 안전하게 이용할 수 있어 참 좋다.

자연을 벗 삼아 풍류를 노래하고 시류를 논했던 역사의 이름을 길이 남긴 선현들을 만나는 시간은 정말 행복한 시간이었고 서원과 문학의 향기가 가는 곳마다 배어 있다. 사립문에 붙어 서면 낭랑하게 들리는 유생들의 목소리가 들리는 듯하였다. 그곳에 심어진 느티나무는 650년이라는 인고의 시간을 거치면서 비와 바람과 눈보라에 비록 일부 가지가 꺾이고 휘어져 아픔을 몸소 체험하고 있었지만, 마당에 심어진 늘 푸른 소나무 한 그루에는 옛 선비들의 풍류와 기백이 느껴진다. 고즈넉함과 실제로 선비가 걸었던 발자취를 따라 걸으니, 나 자신, 마치 과거로 돌아간 듯한 착각이 들었다.

먹거리로는 헛제삿밥으로 이 요리는 조선시대의 유학자들이 살면서 공부하기로 유명한 곳인 안동에서 비롯되었다. 헛제삿밥은 말 그대로 헛(참되지 못한)제사를 위한 밥을 뜻한다. 옛날에는 밥과 음식이 부족했기에 조선시대에 살았던 몇 명의 학자들이 헛제사를 위한 음식을 준비하여 헛제사를 열어 맛있는 제사음식을 즐겼다는 설에서 비롯되었으며, 이외에 이 지역에서 유명한 안동 찜닭과 간 고등어의 맛은 이 지역에서만 맛볼 수 있는 특유의 입맛으로 내 입을 즐겁게 했음을.

안동 여행은 문학을 좀 더 깊게 이해하는 소중한 경험이 되었고 '한국문화 테마파크 여행으로' 과거와 미래 그리고 오늘에 이르기까지 선조들의 올곧은 정신이 이어져 내려온 역사가 풍요와 안녕을 가져다주었다는 것을 마음 깊이 새겨본다.

'설렘과 미소를 머금고 가는 여행' 안동에서 잠시나마 지금의 나를 잊고 새로운 나를 만나고 온 의미가 새롭다.

청와대를 다녀오다

　만물이 소생하는 사월의 중턱을 지나 그동안 간다고 하면서도 못 간 청와대를 다녀오게 되었다. 개방한 지 약 일 년여 만에 가게 되니 기대에 가득 찬 마음으로 출발을 하였고, 전철을 타고 가는데 그리 먼 거리는 아니었으며 사는 곳에서 관람 후 도착할 때까지 약 5시간 정도의 시간이 소요되어 부담 없이 다녀올 수가 있었고 조금 일찍 서둘러서 갔기에 그나마 여유로운 일정이었다. 전철이 거의 지하로 많이 운행하게 되어 다리가 불편하신 분이나 장애인들의 어려움이 보인다. 한쪽 다리가 안 좋아 난간에 기대여 어려움을 토로하는 사람, 그나마 나은 사람은 한발씩 계단을 힘들게 오르내리는 것을 보면서 바라만 볼 수밖에 없는 현실이라 나이 들고 아픈 것도 서러운데, 건강까지 안 좋으면 울분이라도 터뜨릴 것 같다.
　우리 사회에 노약자나 장애인들에 대한 시설이 있으나 아직도 부족한 부분이 있다는 것을 알았고 도움의 손길이 아주 필요함을 느꼈다. 관람 안내요원들이 친절하게 가는 길목마다 배치가 되어 있어 안내해주기에 다니는 것은 큰 어려움이 없었다. 청와대는 애초에는 경무대였는데 제4대 윤보선 대통령 때 청와대로 이름이 바꾸었다고 한다, 입구 영빈관을 들어서는 순간 여러 대통령이 이곳에서 살면서 나랏일을 봤다는 생각에 나도 모르게 마음이 설렜고 이렇게라도 볼 수 있어서 감사함을 느꼈다. 특이할 점으로 청와대라는 말은 푸른 기와집이라고 하며, 정원 녹지공원 뒤에 있는 상춘재는 외빈 접견 등을 위하여 사용되었으며, 봄이 늘 계속되기를 바라는 집이기도 하다. 녹지대에는 120여 종의 나무가 있어서 푸르름이 한껏 돋보였다.   방문 시에는 예약해야 갈 수가 있고, 현지에서도 신분증만 제출하면 확인 후 입장을 할 수도 있었다. 나는 사전에 준비해서 쉽게 입장을 할 수가 있었으며, 시야에 들어오는 첫 부분이 '청와대를 국민 품으로'라는 글이 보였다. 이 글을 보며 이 넓은 곳을 내어놓고 나온 그동안의 대통령과 견주어 이번 대통령에게 고마움을 느꼈다. 그동안 여러 대통령이 내어준다고 했지만 이행하지 못한 것을 보면서 만감이 교차하는 기분이 드는 건 나만의 생각일까? 본관을 보면서 들어가니 일반 접견실, 역대 대통령과 영부인들의 초상화가 눈에 들어왔다. 이분들이 이곳에 살면서 얼마나 많은 역사의 수레바퀴를 돌렸을까 하는 생각에 잠시 숙연해지기도 하였다. 계단을 통하여 2층으로 올라가니 주요 귀빈들과의 회의 장소가 있다, 그동안에는 언론으로만 보아왔는데 실제 와서 보니 실감이 났다. 본관을 나와 관저를 갔는데 그 넓고 큰 한옥 건물로 대통령 부부와 일부 관계자들이 살았다는 것을 생각하니 지나치고 과했다는 마음도 든다, 관저 뒤 오운정 둘레길을 돌고 내려와 상춘재와 녹지원을 지나 춘추관 쪽으로 내려왔다. 1시간 30분 정도면 거의 다 볼 수가 있었고 이 넓은 공간을 국민에게 돌려주어

도심 한복판에서도 산림욕을 하였고 상쾌함도 맛볼 수 있어서 너무 즐거운 일정이었다. 조금 아쉬운 것은 북악산까지 다녀오려고 했는데 오랜만의 나들이로 무리하지 않고 다음 기회에 다시 오기로 하였다. 오는 길에 남대문시장을 들러 제대로 된 시장의 풍경과 열심히 바쁘게 사는 모습을 보니 생동감이 느껴져, 그동안 먹고 싶었던 갈치 조림을 전문 골목식당에서 맛있게 먹으며 행복한 하루를 보냈다. 좁은 골목에 자리 잡은 곳으로 많은 사람이 줄을 서서 기다리는 모습과 호객행위를 하는 것을 보니 이래서 전통시장을 찾는 것 아닐까. 오랜만에 찾은 도심 속에 전통시장을 보니 시골에서의 오일장을 다니던 생각이 난다. 그 시절에는 생활의 필수품이나 먹거리 등을 사려면 이용을 해야만 되었기에 우리에게는 꼭 필요한 시장이었으며, 시장까지의 거리가 편도 10리 길로 걸어서 약 한 시간 정도 소요된 거리였다.

  나는 그때 제일 기억에 남는 것은 시장에서 만든 국수로 요즘 말로는 잔치국수쯤으로, 그때는 국수가 왜 이리도 맛있던지! 그래서 그런지 지금도 즐겨 먹는 음식이다. 지금처럼 모든 게 흔하지 않았고 더군다나 시골 중에서도 아주 깡촌이었기에 모든 것이 부족해 그나마 오일장으로 위안으로 삼았던 것이 그 시절의 기억으로 남는다.

  행복은 아주 드물게 찾아오는 거창한 행운보다 매일 일어나는 자잘한 편리함과 기쁨 속에 깃들어 있는 듯, 소소한 일상이었지만 나에게는 좋은 추억의 날로 남을 것 같다.

사랑의 손길

 산책길에서 본 일이다. 아무런 생각 없이 앞만 보고 걷고 있는데 바로 옆에 있는 분이 바닥에 나와 있는 지렁이를 직접 손으로 잡아서 풀 속으로 안전하게 넣어 주는 것을 보았다. 작은 미물이지만 직접 만지면서까지 살 수 있도록 성의를 다하는 모습이 매우 인상 깊게 다가왔다.

 보통 사람이면 무심코 지나치거나 심하면 밟고 지나갈 수도 있는데 주변도 의식하지 않고 정성을 다하는 게 쉽지 않은데 그 배려심에 깊은 울림이 다가왔다. 이런 광경을 보면서 우리네 삶에 대하여 잠시 생각을 해보게 된다. 다수의 사람은 약자에게는 강하고 강자에게는 나약함을 보이는 존재가 아니던가. 그런 사람들을 보면서 차이고, 밟힐 수도 있는 그런 미물을 사랑으로 맞이한다는 게 쉽지는 않다. 나 자신 역시도 그 모습을 봤지만, 그냥 지나쳤을 것이다.

 지렁이가 비가 오면 밖으로 나오는 이유는 살갗으로 숨을 쉬기 때문이다. 비가 내리면 땅에 물이 차고 흙 속에 산소공급이 잘되지 않는다. 밖으로 나오는 지렁이는 거의 다 숨을 쉬기 위해서라고 한다. 지렁이는 흙 속에서 먹이를 찾거나 번식을 위해 비 오는 날에 많이 나온다. 밖으로 나오면 죽을 확률이 높아진다고도 하는데 그것은 아니다. 죽는 이유는 아스팔트나 시멘트 위로 이동했다가 흙을 찾지 못하고 피부가 건조해져서 죽는다. 콘크리트 속에 살며 아스팔트를 밟고 다닐 때는 이런저런 죄의식은 없었다.

너무 예민한 거 아냐? 그렇게까지 생각한다면 살아있는 것 자체가 죄지, 입을 삐죽거릴 수도 있다. 하지만 가까이 지낸다는 게 바로 자연을 죽이는 일이라는 뻔한 깨달음에 새삼 기운이 빠진다. 진정 자연을 사랑하는 사람은 절대 자연으로 돌아가지 말아야 한다. 그냥 그들끼리 살게 내버려 두어야 한다. 이미 만들어진 문명의 안락함에 만족하며 도시 밖으로 한 발짝도 내딛지 말 일이다. 지렁이의 잠을 깨우거나 허리를 끊지 말며, 개미의 성을 위협하지 말고, 거미의 역사를 훼방 놓지 말며, 그저 도시 생활에 만족하며 살 일이다. 자연을 몰아낸 도시야말로 자연에 가장 안전한 곳이니까.

이미 도시를 버린, 쓸데없이 예민한 나는 어쩌나. 자연을 위해 다시 어렵사리 떠나온 그곳으로 돌아갈 보따리를 싸야 하나? 아니면 한 발자국 내디딜 때마다 불특정 다수에 대한 죄의식으로 몸부림쳐야 하나! 심각한 문제로 나의 심사를 어지럽히고 있다. 물과 햇빛으로 자기 에너지를 만들어 싹을 틔우고 꽃을 피우고 열매를 맺을, 고귀한 한 생명을 영원히 잠을 자게 했을 뻔했다는 것은 적이 충격적이다. 물이 아무리 소중하다 해도 햇빛이 없으면 그 에너지는 상실되고 말 것이다.

햇빛이 아무리 최고의 에너지라 우겨도 식물에 물이 없으면 모든 의지를 상실한 채 생명을 잃고 만다. 거기에 모든 생명을 품을 수 있는 모체는 바로 흙이다. 나 또한 아이들에게 부족한, 한 가지를 채워주는 물과 같은 존재가 되고 싶다. 죽어있던 흙덩이에서 생명을 잉태하는 기적을 나도 이뤄내고 싶다.

　모든 만물은 윤회와 환생을 반복한다고 한다. 생의 순간마다 만나는 하찮은 미물들도 나와의 특별한 인연이라 생각하면 머리가 조아려진다. 그 미물이 전생의 나의 부모였는지 형제의 인연으로 이승에 만났는지 가볍게 여겨서는 아니 될 것, 중생은 높고 낮음이 없고 빈부귀천이 없으며 육도 중생 생명의 무게는 모두 같다 했다.

　인간이라는 오만에서 미물에게 위로받고 싶은 몸짓은 유치할수록 순수하다. 이러한 사고(思考)는 자연에 기인하였을 때 심오한 깨달음을 얻기 때문이다. 풀잎에 반짝이는 물방울처럼 제 몸을 추스르며 조물주를 찬미할 줄도 아는 지렁이, 사람처럼 오류를 범하지 않는다는 미물들의 각혼, 지렁이 등으로 배어드는 풀숲 향기가 값진 물상(物象)이 되었음이다. 세상이 위대하게 굴러가는 것은 혼자지만 여럿이서 이루어낸 조화이다. 누군가는 이타적인 삶을 살고자 무거운 짐을 기꺼이 지고 가는 몫을 택하고, 누군가는 지극히 평범한 일상을 더 안일하게 살기를 원한다. 나의 속성은 후자에 속한다. 고정관념을 깨지 못하는 겁쟁이요, 낯선 곳을 향해 도전하기 두려운 불안중을 탈피하지 못하고 그 자리만 서성인다. 미물이지만 제 숙명을 가꾸며 소신을 쌓아 올린 지렁이와는 한참 다르다. 벽을 넘어야 할 때 시도도 하지 않고 주저앉는다는 것은 자신을 믿지 못하는 자존감 부재이다. 대체로 소심한 나와는 달리 친구는 장애물을 뛰어넘는 작은 거인이었다.

아무런 대가나 기대 없이 소소한 미물에게 무한한 사랑을 안겨주는 훈훈한 미덕이 살아가는 이들의 마음을 흔들어 놓은 것 같아 자신도 많이 배우고 노력해야 하겠다고 생각하게 되었다.

미국의 철학자 벤 저민 프랭클린은 행복은 아주 드물게 찾아오는 거창한 행운보다 매일 일어나는 자잘한 편리함과 사랑과 기쁨 속에 깃들어 있다고 하듯이 주변에는 작지만, 마음만 먹으면 사랑의 손길을 얼마든지 베풀 수 있지 않을까?

새옹지마 塞翁之馬

인생이 무지개 같다. 일곱 개의 색으로 비가 온 뒤에 보인다. 무지개를 보면서 생각한다. 사람도 다양한 삶을 만들 수 있고 인생의 한 페이지를 멋지게 만들 수도 있다고. 긴 여정은 살아보지 않았지만, 마음이 그렇다. 인간이라면 누구나 가는 길이 고르지 않고 길흉화복이 있다.

한껏 움츠려야 하는 계절인 겨울이 있기에 봄이라는 희망의 새싹으로 태어나고, 봄은 여름을 위하여 따사로움으로 부지런히 새싹을 키운다. 여름은 뜨거운 햇빛과 바람으로 만물을 잘 자라게 해주어 가을에 풍요로움을 안겨주고, 이런 계절의 변화를 보며 문득 나를 보니 늦가을의 모습으로 투영이 된다.

이제는 큰 욕심도 버리고 비워 가벼운 마음으로 남은 삶을 살고자 한다. 몇 년 전부터 어렵고 힘든 일이 생겨도 별다른 걱정을 하지 않고 즐기면서 지내 왔다. 하지만 지금은 사뭇 다르다. 한창 젊었을 때의 모습이 그려진다. 온갖 수난과 역경이 있어도 절망하거나 어렵다고 생각하지 않았다. 새삼 오늘의 나를 보니 지난 세월이 무상함을 느낀다.

지난주에 동갑 친구들 모임에 참석했다. 늦은 시간까지 자리를 지키면서 놀았는데 그에 따른 후유증이 한 주 동안 이어졌다. 정말 건강의 중요성과 하나, 둘 더해진 세월이 만들어낸 것이 아닌가? 젊어서는 조금 무리를 해도 자고 나면 가뿐하고 회복력이 좋았는데, 젊은 시절이 좋았다는 것을 새삼 느낀다. 사실 지금의 마음은 그때와 별반 차이가 없다. 하지만 몸이 따라주지 못하니 어쩔 수 없지 않은가! 이런저런 생각 하니 살아온 세월이 좋은 것도 있지만 나이가 더해짐에 따라 아쉬움도 더하는 것 같다.

자기 삶이 편안하다고 생각된다면 그 순간 내 인생이 녹슬어 가고 있을 때인지 모른다. 지금 비록 나의 인생이 이미 편안함에 길들어 있지 않나 돌아봐야 할 때이다. 모든 삶에는 거꾸로 된 거울 뒤 같은 세상이 있다. 불행이 행복이 되고 행복이 불행이 되는 새옹지마의 삶이 바로 인생이 아닌가!

한평생 살다 보면 고난과 시련을 겪을 때도 있지만 모든 것이 승승장구 순조롭게 잘나갈 때도 있다. 그 성공과 승리에 도취 되면 안 된다. 피할 수 없는 죽음처럼 그것 역시 끝날 수 있음을 염두에 두고 겸손한 마음으로 살자. 세상은 부정적인 일들은 없다. 다만 부정적인 감정만 있을 뿐이다. 지난 일들을 추억 삼아서 오늘을 행복하게 사는 지혜가 필요하다.

사람이 요모조모 일을 모두 경험하고 겪어봐야 인생을 안다고 인생 선배님들은 가르친다. 어른들이 낙심하는 젊은이들을 대하여 말할 때 잘 쓰는 말 "니들이 인생의 쓴맛을 알아?" 그런 말을 많이 사용하는 것을 듣고 보았다. 인생을 조금이라도 더 많이 경험했기에 맞는 말들이다. 그러나 세상 경험이 짧은 젊은이들에겐 그들 나름대로 생각이 있기에 그들의 행동도 이해하는 포용력을 가져야 하지 않을까?"인생을 사랑하는 사람은 마음속에 영원한 희망이 있지만, 절망감을 지닌 사람은 마약을 품고 사는 사람과 같아 좋은 생각을 무관심으로 바꿀 만큼 어리석다"라고 했다.사는 것이 뜻대로 풀리지 않아 힘은 들겠지만, 희망을 품고 내 인생을 가꾸다 보면 전화위복(轉禍爲福)의 기회가 온다. 긍정적인 생각은 나 자신을 기쁘게 하지만 비관적이고 낙심되는 생각을 하면 주변의 분위기까지 다 힘들게 한다.실패를 겪었을 때도 어떤 이에게는 실패로 끝난다지만, 어떤 이에게는 새로운 기회가 되어 현재까지 살아온 인생의 기회가 되고 도약을 하는 계기가 된다. 우리에게 많이 알려진 백종원 선생도 처음엔 무역업을 하다가 실패하고 요식업에 뛰어들어 지금의 위치에 섰다고 한다.또한 어떤 이는, 남들은 더러운 쓰레기통을 피해 다니는데 정작 돈 벌 궁리에 쓰레기에서 돈을 버는 방법을 터득해 갑부가 된 사람도 인터넷을 검색해 보면 쉽게 찾아볼 수 있는 것이다. 우리에게 돈이 없다든지 시간이나 희망이 없다든지, 그리고 스스로에겐 돈복도 없다고 자신을 단정 짓는다면 그것은 게으름과 무관심, 그리고 인생을 포기한 사람의 가치관일 뿐. 나 자신이 위대하고 훌륭한 무언가를 이루기 위해서는 꿈을 갖고 행동으로 옮겨야 한다.

 '초연하다'라는 단어가 떠오른다. 이것의 의미는 '사람이 어떤 일에 얽매이지 않고 태연하거나 느긋하다'이다. 참 좋아하는 단어다. 그리고 내가 좋아하는 삶의 자세다. 이 개념을 자주 생각할수록 마음이 편안해진다. 초연하면 마음이 편안해지는 것뿐만 아니라 행복감도 느낀다. 초연하면 사소한 일이라도 즐거움을 느낄 가능성이 커진다. 오늘의 태양은 지고 내일의 태양은 새롭게 뜬다. 오늘이 재미없으면, 내일을 재미있게 살면 된다. 무엇이든 다 좋아질 방법은 있으니까.

입원을 앞두고

 회전 근대 증후군으로 오른쪽 어깨 수술을 하려고 한다. 뼈가 조금 자라거나 어깨 부위 근육이 어긋난 것이라고 한다. 지난 2년 전 왼쪽 고관 절 수술 후 오른쪽으로 목발을 짚고 생활을 하면서 조금씩 어깨가 아프기 시작하였다. 처음에는 시간이 지나면 회복이 되겠지 하는 마음으로 지냈는데 회복은 안 되고 더 악화가 되었다.
 이로 인해 병원 진료도 받고 MRI 촬영도 하였으나 수술을 할 정도는 아니고 운동요법과 재활치료를 하면서 약을 먹으면 회복이 될 거라 하였다. 그렇게 하여 약을 먹을 때는 견딜 만한데 안 먹거나 재활 운동을 소홀히 하면 불편함을 느꼈다. 도수치료가 좋다고 하여 약 1개월 이상 치료도 받았는데 다른 곳은 좋아졌는지 모르겠으나 어깨통증은 크게 도움이 안 되었다. 그동안 견디면서 치료를 해 봤지만, 호전이 되지 않아 수술하기로 한 것이다.
 대수술을 두 번이나 하였고 이번에 하면 세 번째다, 일부러 아픈 것은 아니지만 마음이 편치가 않다. 원하는 대로 수술이 잘 되기를 바라지만 마음 한편으로는 걱정이 앞선다. 수술 후 최소한 1주일은 입원 치료를 받아야 한다고 하여 입원 시에 필요한 준비물을 챙기는 중에 자신이 무력해짐을 느꼈고, 가족들에게 부담을 주는 게 싫어 이번이 마지막 수술이기를 바라지만 병 이란 그 누구도 장담할 수가 없지 않은가!

나이가 쌓여 갈수록 아픈 곳만 남는다고 하듯, 나 또한 그런 것 같아 울적함과 허전함으로 다가온다. 일주일이면 퇴원할 수 있다고 하지만 견디면서 지내야 하기에 걱정이 앞선다. 수술 후 보조기를 사용한다고 하니 이로 인해 불편함을 감수해야 하는 생각에 마음이 무거워진다.

아픔을 달고 사는 자신을 보면서 살아 계셨을 때의 어머니가 생각이 난다. 팔십삼 세에 돌아가셨지만 살아 계시는 동안 약을 달고 사셨다. 심장병과 고혈압으로 약을 밥 먹듯이 먹으면서 사셨던 어머니를 보니 나도 닮아 가는 것이 아닌가 하는 걱정도 든다. 어린 마음으로 볼 때 모든 어머니는 아프고 약을 먹어야 사는 것으로 생각을 했었다. 항상 약을 달고 사셨으니 어린 나로서는 그렇게 생각을 할 수밖에 없었다.

누구라도 건강은 장담할 수가 없다. 평소에 건강할 때 관리를 잘해서 아픔의 고통으로부터 자유로울 수 있는 모두가 되기를 바라지만 현실은 그러하지를 못하니 더욱더 자신을 돌아보면서 건강에 소홀함이 없는지 확인해야 한다.

허니문 기간이라는 유례가 있다. 결혼 후 1개월간은 마치 꿀처럼 달콤한 기간이라서 온통 장밋빛 행복이 차고 넘치지만, 차츰 시간이 지나면서 서로에 거슬리는 모습을 보면서 갓 결혼했을 때보다는 애정이 시들해진다는 것이다.

치료도 마찬가지인 것 같다. 내 앞에 있는 의사는 참 괜찮은 의사로 적당한 콩깍지가 나의 눈에 붙어 있기에 일단 치료가 시작되는지 모른다. 달콤한 허니문이 지나고 나면 환상이 깨어지면서 무시무시한 실전이 다가온다. 허니문 후에는 현실이다. 아프고 처절하게 현실과 마주해야 한다. 나에 대한 환자의 환상이 깨지는 것을 두려워 말고 환자의 환상을 깨기 위해 좀 더 용기를 내면 어떨까? 둥둥 떠다니는 것 같은 환상이 깨지면 예상보다 훨씬 더 아프지만, 그 후에는 비로소 자신이 살아 있다는 것을 제대로 알 수 있겠지.

장기간의 고되고 힘들었던 투병 생활 마저 죽음이라는 삶의 끝자락으로 내몰리면서 육신과 정신은 소진되고 감정은 극도로 예민해지기도 한다. 환자의 다양한 증상이나 치료에 대해 세세한 부분까지도 신경을 쓰고, 작은 일에도 쉽게 오해하거나 고까워하고 화를 내기도 하는데 이러한 감정과 정서는 의사와 간호사는 물론 주변 사람들에게도 고스란히 전해진다. 그래서 환자나 보호자들과 만날 때에는 그들에게 조금이라도 희망과 위안이 되면서 실망이나 상처는 주지 않기 위한 용어나 어투, 몸짓까지도 조심하고 절제하게 된다.영육(靈肉)이 사위어가고 절망만 있을 것 같았던 삶의 마지막 여정에서, 자신 심경의 변화를 통해 영적인 회복과 사랑을 되찾았던 체험도 있다. 요즘도 그 병실을 지나칠 때면 환하게 웃으며 인사하던 분들이 환영으로 떠오르곤 한다.

한없이 넓은 억새 정상은 모든 사람에게 기쁨과 낭만을 주는지 조용하다. 계절의 황혼인 들녘과 같이 인생의 끝자락에 서서 칠십

고개를 앞두고 내 마음은 갈대처럼 흔들리며 차가운 바람이 스친다. 정상에서 서걱거리는 억새 속에서 바다를 바라보는 가슴에 모든 것 묻혀두고 사랑하는 사람과 함께 외로움 달래며 살고 싶은 마음뿐이다.남은 인생을 어떻게 마무리할까? 우선 정다운 웃음을 줄 수 있는 사람, 현실적인 것과 습관적인 것을 버리자고 마음의 다짐을 하면서 살자.

사람의 일생이란, 달리는 말을 문틈으로 보는 것과 같이 짧다고 말하지 않았던가? 진정 그렇게 짧은 순간일 수도 있으며 자신의 생을 돌아보며 수긍을 해본다. 살아온 지난날을 돌이켜보면 한순간이었음이 자명하다. 다만 고통스러운 오늘이 길게 느껴질 뿐이다. 내일은 누구에게나 오는 날이 아니지 않는가.

지금 이 마음을 누가 알까. 혼자만이 고이 간직하고 제대로 수술과 치료를 받아 건강한 모습으로 볼 수 있기를 기대하는 마음일 뿐.

지친 삶을 벗 삼아보자

  한 해의 시작을 알린 지가 벌써 중순으로 접어들었다. 지난 연말을 내실 있게 보냈어야 하는데 쫓기면서 보냈다. 그런 날들이 지금은 아쉽다기보다는 그리움으로 남는다.
  저무는 해를 보내고 뜨는 해를 맞이하는 마음이 편치가 않다. 우리 인간은 감정의 동물이다 보니 이성적으로 접근해야 하는데 그러지를 못한 것 같다. 더군다나 조그만 회사를 운영 하더라도 때로는 가, 부 간에 중대한 결정의 순간도 있다. 어떤 식으로 하느냐에 따라서 희비가 엇갈린다. 스스로 만든 것은 아니지만 어쩔 수 없이 할 수밖에 없는 때도 있다.
  거래처와 계약 건으로 공고문의 절차에 맞게 계약하였고 시작을 하려고 하는데 사업부서에서 시설물 관리업등록을 해야만 한다고 하여 너무나 당황스러웠다. 이런 일이 말처럼 쉽게 할 수 있는 일이 아니기 때문이다. 이런 조건을 갖추려면 그에 맞는 인력과 장비가 필요하다 보니 예상치 못한 상황에 부닥치게 되었다. 이런 것을 사전에 알았거나 계약부서에서 충분히 알려주었다면 이런 어려움도 없었을 것이다.

더군다나 공고문상에도 이 내용이 없다. 단 과업 지시서상에만 법규를 지켜야 한다는 것이 전부이었다. 그러면서 한 달 이내에 조건을 갖추라고 하니 누가 쉽게 할 수 있을까. 이에 따른 회사의 어려움과 애로사항을 말하며 협조와 설득을 했지만, 전혀 통하지 않았다. 이런 것을 알고 묵인하면 자신들이 행정 처분을 받는다고 하니 하고 싶으면 조건에 맞게 준비하거나 아니면 포기를 하던지 결정을 하라고 한다.

회사를 운영하는 처지에서는 못한다고 말할 수가 없어 하겠다고 자신 있게 말을 하였으나 마음 한구석에는 걱정이 많이 되었다, 한다고 하였으니 준비를 할 수밖에 없었다. 준비과정에서 적지 않은 비용과 노력이 수반되어 마음에 부담으로 남았다.

이런 가운데에서 그나마 아는 지인의 도움과 그동안 사업을 하면서 겪어온 경험을 통하여 큰 고비는 넘겼지만 그래도 안심할 수가 없었다. 어려움을 자초했다기보다는 나의 운명이라고 받아들였다. 아무리 어려운 일이라도 나에게 주어진 일을 헤쳐 나가는 게 진정한 일이라고 본다.

어차피 우리 인간이 하는 일이 아닌가? 그렇다면 못할 게 없다. 아무리 어려운 일이라도 하려고 하면 방법이 보이고 안 하려고 하면 핑계가 생긴다는 말처럼 핑계 대지 말고 방법을 찾는 게 옳은 방법이다.

그동안 준비과정의 어려움과 문제 등에 대하여 생각하면 나만의 소설을 한 권은 쓸 것 같다. 지금에 이르기까지 적지 않은 아픔이 있었다. 어떤 날은 모든 걸 다 내려놓고 싶을 때도 있었고, 이 일로 인하여 다른 일까지도 소홀해지기도 했다. 그래서 꼭 필요한 일 외에는 안 하고 오로지 이 일에만 집중하다 보니 그나마 끝이 조금씩 보이기 시작을 하여 이룰 수 있다는 희망이 생겼고, 드디어 그렇게 원하고 바라던 허가증을 받았다. 허가증을 받아 든 순간 나도 모르게 감격의 눈물이 났다. 얼마나 마음고생을 했으면 이럴까? 살면서 이렇게 힘든 일이 처음이었기에 더 그랬던 것 같다.

그 무언가를 새롭게 얻는다는 것, 말은 쉽지만 그렇게 간단하지 않다. 삶 자체가 왜 고해라고 했겠는가? 그만큼 한 평생을 사는데 어렵고 힘든 일이 많다는 것이다.

이번 일을 하면서 관계라는 게 정말 소중하다는 것도 알았고, 어떤 사람을 만나느냐에 따라서 자신의 가는 길도 바뀔 수 있다는 생각이 들었다. 그래서 만남 자체가 중요하다. 재물만으로 못 하는 것도 있다는 것을 가슴 깊이 느꼈다. 조건에 맞는 자가 있어야 하는데 쉽지 않았기 때문이다.

"진인사대천명"이라는 말처럼 자신이 할 수 있는 일을 다 한 후 끝이 있음을 알게 되었고, 삶이 고단하다는 것도 제대로 느낀 것 같다. 나 자신이 이렇게 마음고생을 하니까 가족에게도 영향이 미쳤다. 행동이나 태도가 달라지다 보니 그럴 수밖에 없을 것 같다. 그동안 잘 참고 견디어 준 것만도 감사하다.

너무 아픈 생각은 삶을 쓰라리게 만든다. 안과 바깥에 대한 인식도, 힘써 노력해야 한다는 무념무상조차 잊어버리고, 슬프면 슬픈 대로 눈물을 흘려보자. 어느 하루 못다 한 말들로 가득한 가슴을 안고 입을 열지 못할 때도, 지친 어깨를 누군가에 기대지 못할 때도 허허 웃어내자. 홀로 서 있어야 하는 파수꾼 놀이도 밤하늘의 반짝이는 별님도 남의 것처럼 귀를 막아보자. 무소유의 삶을 살겠다며 변명을 잔뜩 늘어놓으며 눈을 가리고 돌아앉아 실컷 놀아보자. 통째로 없는 셈 치면 될 일 아닌가!"삶 이란 가증스러운 이중인격의 출중한 연출이다"라는 삶의 괴리(乖離)로 시계의 노예가 되어 살았다. 지금은 시계를 안 찬다. 필요가 없다. 자유의 반을 얻은 줄 알았는데 아니다. 자유의 반을 잃은 데 불과하다. 시간에 도외시 당한 삶은 형기를 채우는 수형자처럼 부자유하다.

  우리가 어떻게 태어난 인생인가 언제까지 살지는 모르지만 사는 날까지만이라도 마음고생 덜 하고 살았으면 한다.

  그래서 금년에 나의 계획도 마음 아파하지 않고 건강 잘 지키고 꾸준하게 하는 일을 할 수 있는 해가 되었으면 하는 다짐을 하였다. 인생은 추억의 편집이라고 하듯이 나로서는 잊지 못할 추억으로 남을 것 같다.

겨울의 길목에서

출근길에 떨어지는 나뭇잎이 바람에 날려 뒹군다. 드디어 가야 할 때가 지나기라도 한 듯이 보내기 싫은 계절을 보내야만 한다. 우리 인간도 때가 되면 가야 하니 이해는 된다. 흩어지는 낙엽은 텅 빈 내 가슴을 휑하게 만들고 무언가에 쫓기는 생각이 들어 허전한 생각이 든다. 도로 위 달리는 차량으로, 이리저리 뒹굴고 날리는 낙엽들의 모습이 하늘을 나는 새들과 짝을 지어 날아가는 느낌이다. 이런 풍광이 우리네 굴곡진 삶을 말해주는 것 같다.

보잘것없는 잎사귀 하나라도 한때는 보란 듯이 자랑스럽게 나와 자신의 역할을 다했을 것이다. 그런데 허무하게 가는 모습이 안타깝다. 하지만 새로운 탄생을 위하는 과정이라고 보고 싶다.

'인간 만사 새옹지마(人間 萬事 塞翁之馬)'란 말도 자주 쓴다. '인간 세상에서 일어나는 모든 일이 새옹지마니, 눈앞에 벌어지는 결과만을 가지고 너무 연연해하지 말아라.' 하는 뜻이다. 잘살지는 못해도 이런 맛을 느끼면서 사는 게 삶의 한 부분이라고 생각하고 힘이 들면 힘이 든 대로 그렇지 않으면 자신을 달래면서 아름다운 인생을 즐기면서 사는 것이 멋진 삶이 아닐까? 스스로 질문하고 답하며 위안해 본다.

이탈리아 소설가인 '채사레 파 베세'는 세상의 유일한 기쁨은 새롭게 시작하는 것이라고 한다. 새 옷을 입으려면 무언가 버리고 입어야 어울리듯이 새로움에 도전하는 삶이 보기 좋다. 이런 삶을 살려면 그동안 삶으로 인한 경륜이 있기에 가능할 것이다.

날씨는 추워도 미처 떨어지지 못한 단풍잎들이 햇빛에 반사되어 찬란하게 빛나는 한 폭의 그림처럼 보여 또 다른 자태로 우리를 바라보고 있다. 거리의 은행잎은 바람에 이리저리 날려 여기저기 한 묶음씩 모아 놓기라도 한 듯이 보여 걷는 이를 낭만의 세계로 안내하는 것 같다. 인생살이란 순간순간의 연속이라고 하지 않은가? 좋게 생각하면 철석같은 하루이기에 보람되고 즐겁게 만들어 가야 할 것이다.

우리가 매년 맞는 '소설(小雪)'이 지났다. 겨울이 시작된 지도 얼마 지나지 않았는데 우리는 첫눈이 내린다는 '소설'이라는 절기에 와있다. 소설을 한자 그대로 해석하면 '작은 눈'이다. 너무 작고 귀여운 느낌이 들어 좋아하는 절기 중 하나다. 하지만, 소설의 의미를 생각해보면 마냥 귀엽지만은 않다. 말 그대로 첫'눈'이 내릴 만큼 날이 추워지는 시점이라는 것이다. 과거의 사람들은 소설이 오면 월동준비에 열을 올렸다고 한다. 그래서 소설이 다가오면 이 집 저 집 김장 준비에 열을 올린다. 매년 이맘때쯤이면 김장하러 가야 한다며 친구들도 주말마다 할머니 댁으로 가곤 했던 기억이 난다.

소설이 재미있는 점은 바로 소설이 추울수록 보리농사가 잘된다는 속설 덕분이다. 과거에는 가을에 추수한 쌀로 이듬해 여름까지 버티기가 쉽지 않았다. 봄이면 지난해 수확한 쌀이 떨어져 '보릿고개'가 찾아오게 되는데, 이 시기를 지나 추수하기 전까지 버티기 위해서 보리를 재배하는 사람들이 많았다. 그만큼 보리는 우리나라에서 쌀 다음가는 곡물 중 하나였기에, 보리농사를 기원하는 속설도 있었다. 소설이 추울수록 보리농사가 잘 된다는 속설 때문일까 '소설 추위는 빚을 내서라도 한다'라는 속담이 있을 정도이니.

계절은 어쩌면 우리 인생과도 똑 닮아서, 지금이 내 인생에서 여름의 초록을 닮는 시기라면, 아름답게 물들고 열매 맺고, 스러져가기 시작하는 때가 오면 겸손하고 아름답고 찬란하게 바스러지며, 아름다운 겨울을 기다리고 싶다는 생각이 든다.

그 자리에서 지금 할 수 있는 걸 해내며, 엉뚱하지만 이렇게 빠르게 일 년이 지나가는 걸 보면 금세 내 인생 시기의 가을 혹은 겨울에 다다라, 지난여름의 미지근한 온도를 그리워하리라는 걸 겪지도 않은 지금 이미 알고 있다. 사람은 때로 경험하지 않은 것에 대해 더 잘 감각하기도 하니까.

여름엔 시원한 그늘 아래서 아이스크림을 먹으며 즐거운 한때를 보내고, 겨울엔 따뜻한 유자차의 온기를 느끼며 안락함을 느끼면 그만, 시간은 평등하고 억울할 것은 하나도 없다. 오늘의 시간을 충실하게, 담담하게, 편안하게 보내고 내일을 맞이하면 그런 하루하루들이 쌓여 나의 인생을 행복하게 채워 줄 것이다.

파트너십의 중요성

관공서가 주요 고객이라 운영과 관련 협의 차 통화를 했는데 일방적으로 자기들이 하는 방식으로 하라는 말을 들으면서 다소 아쉬움이 남아 나의 의견을 남겨 본다.

누구나 어떻게 태어났던지 살아가는 방법은 다양하다. 또한 생각하는 것도 다르고 내용도 다르다.

살아가려면 자신에게 맞는 일을 해야 하지만 그러지를 못하는 때도 있다. 특히 회사를 운영 한다면 혼자서는 못한다. 물건을 예를 들면 생산자와 소비자가 있어야 하는 관계가 필요하다. 그런 게 사회적 관계라고 할 수 있으며 서로의 필요에 의해서 만나게 되고 그럼으로써 거래가 이루어진다.

거래란 한 방향이 아니고 양방향을 고려 해야만 원만한 관계로 발전이 되고 함께 성장한다. 그런 사이를 만들고 유지하기 위해서는 서로의 인격과 상황을 존중하며 진실한 자세와 성실함이 뒷받침되어야 한다.

최근 거래처 관계자와 커뮤니케이션하면서 나로서는 납득이 안 가는 부분이 있었다. 아무리 '갑', 과 '을'이 대등하고 동행자의 관계라고 하지만 현실은 그러지를 못하다. 자신들이 그동안 해오던 방식이 있으니 그렇게 따르라는 식이다.

요즈음 공공기관과 거래를 하면서 기관마다 하는 스타일이 다르다 보니 이해는 하지만 내용을 보면 거의 비슷하다. 그에 비하여 현실과는 거리가 먼 동떨어진 요구를 하기도 하고 또는 업무를 하는 것을 보면 타성에 물들어 있는 태도가 안타까워 미래 세대에 짐이 되지 않을까 하는 걱정도 된다.

창의적인 모습은 보기가 힘들다 자기에게 맡겨진 일에 대하여 그동안 해 오던 대로만 해야 한다는 생각만 하고 있다. 따라서 공공기관도 인센티브제를 제대로 도입하여 열심히 일하는 사람에게 많은 혜택이 돌아갈 수 있도록 하였으면 싶다.

'을'은 의견은 낼 수는 있지만 내 의지대로 되는 게 쉽지 않다. 웬만하면 '갑'이 원하는 대로 할 수밖에 없다. 최소한의 요구라도 하려면 현실을 제대로 알고 대응을 해야 한다. 하지만 이 역시도 잘 되지 않는다. 상황인식을 못 하면 자신이 끌려갈 수밖에 없고 그 몫은 나에게 그대로 이어진다. 현장 확인과 위치 및 업무 내용을 알고 나서야 그나마 나의 상황을 제대로 말하고 그에 맞는 대응도 할 수 있다.

운영과 관련하여 근무자를 현장 여건에 맞게 준비해야 하며, 또한 그에 따른 책임도 함께 져야 하기에 간단하게 시작할 게 아니다. 따라서 배치와 관련하여 잘 적응 할 수 있는 자를 선택 하는 과정도 그리 쉽지 않다. 인생은 때때로 복잡한 퍼즐처럼 보인다. 각자의 조각은 각기 다른 모양과 색깔을 지니고 있으며, 이 조각들이 어떻게 맞춰질지 알기란 쉽지 않다. 그러나 가끔 우리는 누군가와 만남으로써, 마치 퍼즐의 두 조각이 자연스럽게 맞춰지는 순간을 경험하게 된다.

타르 카드에서 컵2(Two of cups)는 바로 이러한 순간을 상징한다. 이 카드는 파트너십과 조화, 그리고 서로 다른 두 개체가 완벽하게 맞아떨어지는 순간의 아름다움을 담고 있다.

파트너십 이란 단순히 함께 이상의 의미가 있다. 이는 서로의 차이를 인정하고, 그 차이에서 오는 강점을 존중하는 것이다. 인간관계에서 조화는 서로 다른 개성을 가진 사람들이 함께 어우러져 만들어진다. 두 사람이 같은 생각과 의견을 가진다고 해서 완벽한 파트너십이 이루어지는 것은 아니다. 오히려 서로 다른 관점을 통해 더 넓은 시각을 가지게 되고, 함께 문제를 해결해 나갈 수 있는 능력을 기르게 된다.

인생은 혼자서만 살아가기에는 너무나 복잡하고 다채롭다. 우리는 다른 사람들과의 관계 속에서 배우고 성장하며, 우리의 인생을 더욱 풍요롭게 만들어 간다. 컵2는 이러한 관계 속에서의 아름다움을 상기시켜준다. 이는 우리가 다른 사람들과 어떻게 연결되고, 그 연결 속에서 어떻게 조화를 이루어 나갈 수 있는지에 대한 깊은 성찰을 가능하게 한다. 우리는 서로 다른 존재들이 만나 하나의 아름다운 조화를 이루어 나가는 과정을 통해 인생 의미를 찾게 된다.

누구나 당사자가 될 수 있다. 따라서 역지사지라는 말처럼 상대의 입장에서 생각을 해보고 판단하는 것이 필요하지 않을까? 다소 견해차가 서로가 조금씩 이해하고 협의해서 한다면 다는 아니겠지만 어느 정도는 원하는 대로 될 것으로 본다. 무슨 일이든 알기까지가 어렵지, 알고 나면 쉬운데 그게 말처럼 쉽지 않다. 평소에 많은 견문과 배움을 위하여 아낌없는 노력을 해야만 현실 대응에 도움이 될 것 같다는 생각도 하게 된다.

이번 일을 보면서 남녀노소 지위고하를 막론하고 상대와 원만하게 지내려면 많은 대화와 노력이 필요함을 느꼈고, 관계 중에서 가장 어려운 게 인간관계라는 것도 다시 알게 되었다. 관계란 여러 가지의 목소리를 통하여 그것을 조율하고 다듬어서 더욱더 새로운 미래를 만들어 가는 것이라고 본다.

변화는 새로움의 시작이라고 합니다. 쉽지는 않지만, 평상시에 조금씩이라도 노력을 한다면 언젠가는 원더풀 하면서 살 수 있겠지!

행복을 추구하는 삶

 산행하는 길에 우연히 자연사랑을 몸소 실천하는 사람을 보게 되었다. 배낭을 메고 한 손에는 집게와 다른 손에는 쓰레기봉투를 들고 아무렇게나 버려진 각종 쓰레기를 주워 담는 것을 보면서 이런 아름다운 손길이 있기에 우리 삶의 터전인 환경이 개선되는 것이구나 느끼며, 바라보는 내 마음 한구석에 잔잔한 감동으로 다가왔다.
 대다수 사람은 무심코 생각 없이 자연을 해치거나 각종 음식물, 쓰레기 등을 함부로 버려 자연을 오염시키는 행위를 보면 상식으로도 이해가 안 된다. 산림을 가꾸는 것이야말로 우리가 후세를 위하고 또 생태계의 보전을 위하여 일반 생활 속에서 당연히 지켜야 할 수칙이 아닐까?

자연은 우리 인간에게 아무런 대가 없이 묵묵히 주는 게 얼마나 많은가, 항상 고맙게 생각하고 살아야 할 것이다. 며칠 전에도 인근 공원에서 이런 모습을 보았다. 남들은 각자 걷거나, 뛰거나 하는데 건강한 공원의 청결을 위하여 노력하는 분이 정말 아름다움으로 다가왔다. 이런 모습을 보기만 할 게 아니라 동참하든지 아니면 가지고 온 쓰레기는 되가져가거나, 버리지 않는 것이 습관이 되어야 한다.

그나마 주변에 이런 고마운 사람들로 인하여, 삶이 다소 고단하더라도 다수의 사람이 자연에 동화해서 평안함을 느끼지 않을까? 억지로 하라는 것이 아니고 무심코 버리지만 않아도 기본은 된다. 각박한 세상에서 이런 빛과 소금 같은 사람들이 있기에 그래도 살만한 세상이 아닌가 하는 생각을 해본다.

시골에서 자랐을 때가 생각이 난다, 그때만 해도 지금처럼 풍족한 전열기구나 가스등이 보편화가 안 되어 거의 다 나무를 땔감으로 이용하여 생활하던 시절, 그때는 산 바닥까지 긁어오면서 거의 모든 산이 민둥산이 되었다, 겨울을 제대로 보내려면 나무를 해와 일정한 공간에 채워 놓아야 그나마 겨울을 따뜻하고 무사하게 보낼 수가 있었기에, 지금 생각하면 엄청난 변화의 시대를 사는 것이며 오늘의 풍요로운 자연을 보면서 고마움을 느끼며 살아야 하지 않을까.

행복의 사전적 의미는 행복(幸福) 영어(happiness)는 자신이 원하는 욕구와 욕망이 충족되어 만족하거나 즐거움을 느끼는 상태, 불안감을 느끼지 않고 편안하거나 희망을 그리는 상태에서의 좋은 감정으로 심리적인 상태 및 이성적 경지를 의미한다. 그 상태는 주관적일 수도 있고 객관적으로 규정될 수도 있다고 서술되어 있다. 이 밖에도 철학적 사회적 등등 매우 복잡하다. 가장 중요한 행복의 기준은 내 인생의 주인을 나로 만드는 것이다. 결국 행복은 내가 만들어 가야 하는 내 몫이다. 남의 시선에 맞춰 살면 절대 행복할 수 없고 남의 기준에 맞춰 살면 만족할 수 없다.

많은 나무 중에서 나와 가까이 있으면 행복해짐을 느끼게 해준 나무는 메타세쿼이아이다. 지금도 공원이나 사는 집 주변에 많이 심겨 있다. 크기도 20M 이상 높은 나무들도 있다.

이 나무는 영원한 친구, 위엄이라는 뜻도 내포가 되었다고 한다. 이 숲길을 걸으면서 느끼는 마음은 올곧게 저 높은 하늘을 향해 보란 듯이 유난히 우뚝 솟아 있는 기개가 있어 유독 나만의 사랑을 받는 것 같다.

그 메타세쿼이아는 언제나 그 자리에 우두커니 서서 나를 반겨주었고, 계절마다 지닌 친근하고 신선한 미소로 나에게 다가왔지. 메타세쿼이아와 나는 그렇게 서로를 마주 보며 소리 없는 대화와 눈물을 나누고 서로에게 큰 위안을 안겨주는 친구가 되었다.

사람이나 나무나 타고 난 성질대로 사는 것은 별반 다르지 않은가 보다, 여러 가지로 인생을 돌아보게 하는 나무이면서, 또한 정신적 안정감도 준다. 나도 메타세쿼이아처럼 살고 싶다, 비록 숲을 이루지 못하고 외로움을 타고난 운명처럼 짙어지고 홀로 서서 천 년을 열매 없이 살지라도, 흘러내리는 내 눈물에 누군가 타는 목을 적시고 갈 수 있다면, 천 년 같은 하루를 다시 천 년을 살아도 좋지 않을까.

　요즈음에 인문학 독서 열풍이 불고 있는데 그 이유는 인문학은 땅, 부자, 명성, 권력을 가져다주지 않지만, 내면의 풍요와 행복을 가져다주기 때문이다. 독서로부터 지혜를 얻어, 우리는 슬픔과 걱정과 분노를 멀리하고 기쁨과 평안, 그리고 정의와 자유를 선택하여야 한다. 왜냐하면 슬픔으로부터 우울함이 시작되고 걱정으로부터 불안이, 분노로부터 적개심이 시작되기 때문이다. 우리를 불안하게 하는 죽음 질병 가난 미신 등 주요인을 사색을 통하여 누구에게나 있는 그대로 자연스럽고도 필요한 것이라는 인식함으로써 불안으로부터 자유로울 때, 최소한의 의식주로도 우리는 즐거움과 평안 그리고 우정을 통하여 행복을 느낄 수 있다는 것이다.

　고대철학자부터 현대에 이르기까지 추구하는 행복의 방법론은 다르지만, 최종적으로 추구하는 삶의 목적이 행복이라는 것은 그 누구도 부정할 수 없다. 많은 사람이 마치 네 잎 클로버(행운)를 찾기 위하여 수많은 세 잎 클로버(행복)를 짓밟고 있지는 않은지, 또한 성공을 위하여 수많은 미소와 이타심을 잃어버리고 있지는 않은지, 지나온 삶에 대한 복기가 필요하지 않을까?

　진정한 성공과 행복은 자주 웃고 많이 사랑하는 것이다. 그리고 성공하면 행복한 것이 아니라, 행복하면 성공한다. 집안에서는 자녀들에게 자연의 아름다움을 일깨워 마음의 순화까지 이끌어가는 세심함이 있어야 하겠고, 자기의 집 안팎뿐만 아니라 공공의 장소, 유원지 등에서 인간의 기본적인 교양을 갖추는 마음과 행동이 바로 자연보호 운동에서 비롯되는 행복을 추구하는 "삶"이라고 마음속으로 되새겨 본다.

　행복은 언제나 우리 주위에 있지만 우리는 그것을 눈으로 확인할 수 없다. 행복은 멀리에서 찬란한 파란색으로 존재하는 것 같지만 실은 바로 우리 주위에 아무런 색깔도 없이 널려 있는 것. 우리가 행복이 있을 듯한 장소를 찾아서 먼 곳으로 찾아가면 이미 행복은 거기에 없다. 행복은 우리 주위에 우리 마음속에 내재하여 있는 것이기에.

현재를 사랑하라

　복잡한 시장통에 들어왔다. 인간(人間)의 냄새가 물씬 풍기는 각자도생(各自圖生)의 삶의 현장! 제각각 몫이 있는데 자기가 원하고 필요한 곳을 찾아가는 것 같다. 자신이 준비한 물품을 제대로 팔아서 스스로 몸값을 챙기는 치열함. 어떤 곳에서는 줄을 서서 순서를 기다리라는 곳도 있다. 그래도 맞이하는 사람은 언제나 변함없이 친절하고 예의 바르게 대하는 것을 보니 쉽게 함부로 할 수 있는 곳이 아니라는 생각도 들었다. 오기 전에 예약이라도 한 것처럼 투정이나 불평하지 않고 자신의 차례를 기다리는 미덕도 다채롭게 와 닿는다.
　나 역시 이런 절차를 다 밟고 마지막으로 간 곳이 자신만의 공간인 녹색 커튼으로 가려진 나만의 방이었다. 오는 과정도 몇 군데를 거쳐서 오는 곳이라 생소하기도 하고 자주 안 왔으면 하는 곳이며 자신을 스스로 가두고 격리를 하게 시키는 느낌도 들었지만. 그곳이 나의 1박 2일을 보낸 병원이었다. 이곳은 자주오면 안 될 곳인지는 알지만 올 수밖에 없는 사정이 생기면 안 올 수가 없다. 특별한 경우를 제외하고는 누구나 그렇게 생각을 할 것이다. 우리가 살면서 항상 건강할 수 있다고 장담할 수는 없다. 평소에 건강했던 사람도 순식간에 생의 끈을 놓는 사람을 가까이 보니 그 누구도 건강에 대하여는 자유로울 수 없지 않을까?

　오랜만에 오다 보니 궁금하기도 하고 지루하기도 하여 옥상도 올라가 보고 지하실과 병동도 구경하였다. 날씨는 쌀쌀하였으나 그나마 답답한 마음은 없어진 것 같았다. 이렇게 하루의 밤을 보내면 내일은 더 밝고 환한 모습으로 볼 수 있다는 희망을 품어 본다. 환자복을 보고 만지면서 건강하지 못한 자신을 스스로 자책도 해보았다. 자신의 병을 치료하고자 하는 것이니 즐겁지는 않지만 그렇게 나쁘지도 않다. 이번을 계기로 해서 이 한 해를 잘 보낼 수 있다면 그 것으로서 목적을 이룬 것 아닌가? 오늘의 나를 보면 아프고 고통스러운 것도 살아오면서 많이 감내하였기에 당연한 결과라고 본다. 며칠 입원했다고 해서 모든 것이 다 나을 수는 없다. 살아가는 데 최소한의 불편함만 없으면 만족하고 살아야 할 것이다.

　병동을 보면서 누구나 병원 생활을 원해서 온 것은 아니지만 느낌으로는 많은 수고를 한 흔적을 여기저기서 볼 수가 있었다. 실외에서는 무료로 코로나 검사도 해주었고 간호사들이 수시로 찾아와 이상 유무의 확인도 해주고, 병실의 청결을 위하여 이른 새벽부터 청소도 해주었고, 침대에서는 혼자만이 볼 수 있는 TV도 있어서 생활하는 데는 크게 불편함이 없었다. 단지 한방에 여럿이 이용을 하다 보니 단체생활에 익숙하지 못한 어려움이 있었다.

　어떤 사람은 병원 생활이 너무 좋다고 하는 사람도 있다. 집에서 하는 모든 것을 다 해결해주니 그럴 만도 하다. 가려진 커튼이다 보니 곁의 환자들이 아프다고 하는 고통 소리, 얼마나 아프면 못할 말들까지 하면서 치료를 받는 것을 보니 살아가는 것 자체가 고난으로 보인다. 아픔이 없는 삶은 없을까 하는 나만의 생각도 해보았다. 나는 2년 전부터 오른쪽 어깨통증으로 고생을 했는데 정밀검사를 받아 그에 맞는 처방을 받아 치료받아보고자 왔지만 다른 환자들의 고통스러운 호소를 들으면서 왜 아픔으로 힘이 들어야 하는지 하는 생각에 가슴이 아련한 마음이 저며온다.

잠시 병원 로비를 보며, 오랜 시간을 기다리면서 치료를 받고자 하는 사람, 휠체어에 의존하여 남의 도움을 받는 사람, 외국인들을 위하여 통역해주는 사람, 환자들의 진료에 대한 안내와 더 나아가 병원 업무와 관련 없는 일로 무리하게 요구하는 사람들을 대하면서도 친절하게 대해주는 간호사의 모습, 여러 종류의 진통제나 치료를 위하여 주삿바늘을 꼽고도 거치 대를 의지하며 끌고 다니는 모습들이 어쩌면 다가올 미래 나의 모습을 미리 보는 것 같은 생각에 잠시 몽환에 사로잡히는 나!

그래도 묵묵히 각자 주어진 일이지만 청결을 위하여 이른 새벽부터 일하는 미화원, 환자들을 위하여 아낌없는 사랑의 손길로 대해주는 간호사, 건강을 위하여 잘 먹을 수 있도록 준비해주는 식당의 종사자들과 이외에 가려진 곳에서 드러내지는 않더라도 아낌없는 마음으로 열심히 사는 모습들을 보며 이런 분들의 작은 사랑의 손길이 있으므로 우리 사회가 더욱 빛이 나지 않나 생각을 해보게 된다. 삶은 죽을 만큼 괴롭지만 살아갈 만큼 아름답다. 과거나 미래보다는 현재를 사랑하면서 살아가는 모두가 되었으면 하는 마음이 지금 나의 뇌리에 가득한 걸 어쩌랴!

PART_3 소중한 벗

나의 자화상

 다정하게 손을 잡고 공원을 걷는 팔십 중반의 부부를 보았다. 외모는 많이 변하였지만, 마음만은 늘 푸른 숲처럼 풋풋함을 자랑이라도 하는 것 같아 살아온 지난날들을 반추해 보니 함께 살아온 지가 약 오십여 년의 세월이 되는 것 같은데, 지금도 보이는 부분은 옛날과는 같지 않지만 변함없는 마음으로 살아왔다는 것을 알게 된다.
 그렇게 두 분은 다시 산책을 시작했고 그걸 보고 돌아오는 길, 나는 그 노부부의 모습에서 설렐 정도의 행복을 느꼈다.
 우리는 흔히들 가장 큰 소망은 행복이라고 한다, 행복한 삶을 살고 싶다는 똑같은 마음 하나로 각각 다른 일을 하고 있으며 누구는 공장에서, 누구는 들에서, 누구는 도시에서, 또 누구는 농촌에서….
 그렇다면 각자가 그리는 행복의 실체는 무엇일까? 어느 책에선가 행복은 마음이 편한 것이고 불행은 마음이 무거운 것이라고 쓴 것을 본 적이 있다. 결국 행, 불행 모두가 마음 한자리가 아닐까? 몸이 아프고 불편한 아내를 챙기며 얼굴을 찡그리지 않는 할아버지, 아픈 당신을 챙기는 것이 미안하련만 너무나 당당히 할아버지의 보살핌을 받아들이는 할머니. 좋지 않은 건강 상태일지도 모르지만, 그분들의 노후를 어둡게 하지 못했다, 두 분이 함께 보여 준 작지만 예쁜 모습에서 난 그것이 행복이라고 느꼈고, 서양 동화에서 파랑새를 찾아 나선 남매 이야기처럼 행복이란 그 어디에서도 찾을 수 있고, 바로 우리 일상에 있음을 새삼 확인한 것이다.

나의 부모님을 생각해보았다. 아버지는 술을 좋아하셔서 인근 동네 애 경사, 오일장, 사소한 행사 등이 있을 때마다 어김없이 그 자리에 있었고 그때마다 술이 만취가 되어 오셨고 특히나 한겨울에는 상갓집을 다녀오시다가 냇가에 넘어져 동상을 입어 병원에 입원 치료도 받았지. 그때의 나의 기억으로는 다시는 술을 안 먹는다고 하셨다. 그러나 작심삼일로 끝이 나을 정도로 애주가였어!

어머니는 오로지 아들 하나만 보고 가난에서 벗어나려고 갖은 노력을 다하고 사셨다.

땅에서 얻어지는 웬만한 채소는 잘 다듬어 십여 리나 되는 길을 하루에도 두세 번씩 시장에 팔면서까지 노력을 하셨던 지난 시절, 그런 부모님들을 상기하면서 서글픈 마음이 드는 건 나만의 생각일까? 세상이 왜 이리 공평하지 않을까 하는 원망도 해 보았지만 각자 사는 방법이 다르다 보니 어쩔 수 없다고 하지만 너무 비교되어 아쉬움이 많이 남는다.

그런 부모님을 보면서 한평생 함께 사는 배우자에게는 대물림하지 않겠다고 생각을 하였고 약 40년 가까이 살아온 집사람에게는 온전히 할 수는 없지만 최소한의 도리를 다하려고 한다. 이는 나를 위한 것이고 가족을 위하는 것이라 생각한다. 인생 황혼기까지 누구나 품위 있게 사는 삶을 바라고 있을 것이다. 그러기 위하여 많은 경험과 노력을 하여야만 가능할 것이며 한평생을 산다는 게 쉽게 생각할 수 있지만, 그리 호락호락한 세월은 결코 아니고 켜켜이 쌓인 삶의 무게를 비우고, 남을 위한다는 것보다는 자신을 위하여 참고 견디어 내면서 살아온 흔적일 것이다.

  법륜 스님은 잘 물든 단풍은 봄꽃보다 아름답다고 하였다. 아름답게 자신을 가꾸고 다듬어왔기 때문에 지금의 모습으로 보이겠지. 단 한 가지 노부부가 보여준 행복을 가지려면 우선은 먼저 그들처럼 긴 세월 함께 살아내야 한다. 행복을 원하는가! 그럼 오늘을 인내하자. 그리고 그렇게 참아내는 내 모습을 기특하다고. 잘하고 있다고. 스스로 다독이며 감싸 보자. 그렇게 하루하루를 보내고 난 어느 날, 나 역시 저 노부부처럼 지나가는 행인에게 작은 행복의 느낌을 선사할 수 있지 않을까 싶다.

신을 사랑 할 때의 내 마음은
가을 햇살을 사랑할 때 와 같습니다.

당신을 사랑하였기 때문에
나의 마음은 바람 부는 저녁 숲이었으나
이제 나는 은은한 억새 하나로 잊을 수 있습니다.

당신을 사랑할 때 내 마음은
눈부시지 않은 갈꽃 한 송이를
편안히 바라볼 때와 같습니다.

당신을 사랑할 수 있었기 때문에
내가 끝없이 무너지는 어둠 속에 있었지만
이제는 조용히 다시 만나게 될
아침을 생각하며 저물 수 있습니다.

지금 당신을 사랑하는 내 마음은
가을 햇살을 사랑하는 잔잔한 넉넉함입니다.

-가을 사랑 (도종환)

묵은지 같은 친구

 초록의 물결이 춤을 추고 있는 봄날, 그립고 보고 싶은 고등학교 동창 모임에 참석하고자 대중교통인 고속열차를 타려고 광명역에 왔다. 출발 한 시간 전에 도착해서 기다림이라는 말을 음미하며 의자에 앉아 쉴새 없이 무리 지어 다니는 사람들의 모습을 본다. 가끔 왔지만 자주 오는 곳이 아니어서 주변의 환경에 취하면서 시간을 보내고, 이런 기다림 속에서 만남에 대해 기대를 하니 멀쩡하던 가슴이 왜 이리 설레고 바닷물처럼 출렁거리는지! 역사의 규모가 크고 이용객들이 많아 가고 오는 사람들이 쉬 임 없이 이어지는 것을 보며 바쁜 일상생활 속에서 열심히 사는 모습으로 보이며, 처음 오는 여행객들은 이곳저곳을 다니면서 탑승지를 찾거나 만나기로 한 사람을 찾으려고 하는 모습이 다급하다는 생각도 들면서 워낙 넓다 보니 어설프게 약속했다면 찾는 게 쉽지 않다는 생각도 해 본다.

 광명역이 처음 우리 철도사에 등장한 것은 1993년이었던 것으로 기억된다. 1990년 경부고속철도 노선 및 역사건설 계획이 처음 세상에 발표되었던 당시엔 오늘의 광명역은 존재하지 않았다. 그러나 1993년에 이르러 서울 서남부, 인천, 경기 지역 주민들의 접근성과 경제성 향상을 위해 기존 노선을 검토하는 과정에서 남 서울역이라는 이름으로 광명역사 건설 계획이 시작된 것이고, 이후 경부고속철도 1단계 개통과 함께 2004년 4월 1일 영업을 시작한 광명역은 안양 등 주요 5개 시에 인접한 지역 특성을 살려 2017년 기준, 연간 832만 명이 다녀가는 수도권 교통의 중심으로 자리 잡았다.

처음 광명역을 방문하는 사람이라면 역사에 들어서기 전에는 상상을 초월하는 그 규모에 먼저 놀라고, 역사에 들어서면 그 넓은 곳에서도 원하는 곳을 찾아 바로 이동할 수 있는 직관적인 시스템에 놀라게 된다. 그뿐만 아니다. 한옥의 처마와 버선을 연상케 하는 부드러운 곡선으로 이루어진 역사 모습은 높은 천장 아래 최고 300km/h를 달리는 경부고속철도의 첨단기술을 상징하는 스틸과 유리, 그리고 그 통유리창으로 쏟아지는 햇빛과 함께 탁 트인 역사 전경을 완성하였다. 외출의 기분을 알기라도 하듯이 출발 전에는 빗방울이 하나둘씩 떨어졌는데 출발 후에는 만개한 꽃처럼 화창하게 깨어나 신선함을 선물로 받는 기분이 들었다. 탑승 후 미끄러지듯이 달리는 열차 창가로 보이는 모습, 촉촉함에 미쳐서 소리라도 지르듯이 활짝 웃음을 머금고 있는, 녹색의 향연은 보는 이의 마음을 즐겁게 해준다, 한해 농사를 위하여 논과 밭을 다듬고 일구는 모습과 씨를 뿌리려고 준비해 놓은 풍경을 보니 바쁜 농민들의 일상도 엿 볼 수 있었다. 이렇게 잠시 나만의 외출이 내 마음에 색다른 행복감을 가득 안겨 주었다.푸르게 갈아입고 있는 들녘을 보니 자라온 고향 생각이 났다. 어려서는 먹고 살기가 너무 힘이 들어서 도시로 가는 것을 꿈으로 여기며 살았던 때도 있었는데 지금은 도시에서 고향으로 가고 있으니 이거야말로 반전 드라마가 아닌가! 종착역이 다가오면서 보이는 모습은 출발할 때와 다른 모습으로 보인다, 봄에 흠뻑 취해보기라도 할 듯이 한가롭게 가족 또는 친구, 연인들과의 들녘을 걷는 여유로움이 느껴졌다. 시간에 맞게 도착하여 밝은 웃음으로 맞이하는 동창생들의 모습이 왜 이리도 반갑고 좋은지! 약 45년이라는 긴 세월 동안 열심히 살아온 흔적이 여기저기서 묻어 나온다. 파 뿌리 같은 머리, 주름진 얼굴들이 지나온 날들을 말해 주는 것 같았다. 그동안 헌신의 노력으로 지금에 이런 모습으로 만들어준 초대 회장의 노력이 많은 영향을 주었고 그런 마음을 담아 감사패도 전달하니 너무 보기 좋은 모습이었다. 여러 지역에 흩어져 살며 자주 볼 수가 없어서 그런지 그동안 못다 한 사연들을 쏟아내며 즐기다 보니 먹는 것도 제대로 먹을 수가 없을 정도의 분위기! 그동안 몇 차례 참석하였지만 나이가 많은 친구도 있고 처음 보는 친구들이 있어 조금은 어색함도 있었으나 동창이라는 이유만으로 자연스럽고 편한 사이가 되었고, 나이가 거의 비슷하거나 한두 살 정도 차이는 있지만, 일부는 다섯 살이 많은 친구도 있다.

이런 모습을 보며 함께 공부하며 지내왔던 시절이 지나온 나만의 추억으로 간직하고 싶었으며 가정 반인 여자친구들도 많이 참석해주어 사춘기 때 함께 지내왔던 기분도 들었다. 당시 3개년을 4개 반으로 나누어 공부하였다. 인문계 2반, 가정반 1반, 농과반 1반으로 구분하였고 가정 반(여고)을 빼고는 자기가 원하는 반을 선택해서 배웠으며 나는 그때만 해도 고향을 지키며 살려고 농과 반을 선택하여 공부한 기억이 또렷하다. 지금 와서 돌이켜 보면 후회나 아쉬움도 없고 또한 전혀 다른 일을 하지만 그렇게 부족함도 없으니, 세월은 오는 것이 아니라 가는 것이라고 한다. 우리는 종착역을 향하여 가고 있고 가는 동안이라도 잊지 말고 우정의 씨앗을 더욱 깊이 심으면서 살면 좋겠다는 생각으로 지난 동무들을 떠올려 본다.

바닷가 백사장의 추억

 찰싹찰싹하면서 밀려오고 밀려가는 바닷물을 보며 자연의 조화가 우리의 생각과 다르게 보여지는 것을 보니 그동안 알고는 있었지만 새삼스러움을 다시 한번 느낀다.
 우리나라는 삼면이 바다로 이루어져 있어서 어디를 가든지 볼 수는 있지만, 대천해수욕장에서만 볼 수가 있는 드넓은 바다와 백사장을 보면서 경이로움을 넘어 여기만의 운치에 다시 한번 감탄을 자아내게 한다.
 해는 매일 떠오릅니다, 동쪽에서 떠서 서쪽으로 진다. 빛으로 눈부신 낮이 밤의 장막이 드리우면 하루가 지나가고, 이곳에서 지는 해를 바라보니 순식간에 그 찬란한 빛이 사라지는 것을 보면서 우리네의 인생도 잠시 왔다 사라지는 안개와 같다는 말이 생각이 난다.
 그 넓은 백사장엔 피서 차 찾은 인파들로 가득 메워졌고, 곳곳에서 버스킹(거리의 악사)으로 자신만의 능력을 마음껏 발휘하고 있는 것을 보니 자신도 모르게 그곳에 흠뻑 빠져 있다, 주로 기타를 연주하면서 노래하는 사람, 반주에 맞추어서 노래만 하는 사람, 각설이타령을 하는 사람, 백사장을 배경으로 유튜브 촬영도 하는 사람들을 보면서 이렇게 자신만의 기를 마음껏 뽐내면서 사는 것도 좋아 보인다, 언젠가 나도 무언가 해야 할 것 같아 지금부터라도 조금씩 준비해야겠다고 생각하게 되었다.

그 사람들을 보면서 그동안 많은 노력과 투자를 하였다는 생각이 들었고 남이 보든 안 보든 의식하지 않고 할 수 있다는 게 쉽지 않은데, 정말 대단하다는 것을 느꼈다.

백사장이 정비가 잘 되어 신발을 신고 뛰는 사람, 걷는 사람, 그리고 바닷물을 온몸으로 맞으면서 노는 사람, 맨발 걷기를 하는 사람, 연인끼리, 가족끼리, 친구들과 함께 삼삼오오 짝을 지어 다니는 풍경이 너무 평화롭게 보였다.

함께한 친구들 일부는 신발을 신고 걸었지만 나는 맨발로 걸으면서 바닷물과의 소리 없는 대화를 하면서 마음에 꽉 들어찬 오물을 깨끗이 씻어내는 기분을 느꼈다. 이런 나의 마음을 누가 알까? 맨발 걷기 중에서 가장 좋은 곳이 갯벌에서 하는 것이고, 그다음이 바닷물과 함께 백사장을 걷는 것이고, 다음이 흙길을 걷는 게 좋다고 한다, 저녁에 해지는 걸 보면서 걷고, 아침에 해 뜨는 것을 보면서 걸으니 이것이야말로 삶에 활력소를 듬뿍 받아 가는 것 같았다. 그동안 여러 군데의 바다를 보아 왔지만, 이곳의 모습은 진풍경으로 자연의 섭리와 채취를 제대로 맛보고 느끼는 계기가 된 것 같다.

백사장 모래의 성정은 무엇보다 그 바탕이 부드러움이라 거추장스러운 구두와 양말을 훌훌 벗어 던지고 맨발인 채로 걸음을 옮겨본다, 자잘한 모래 알갱이들이 발가락 사이사이로 비어져 나오면서 고물고물 발바닥을 간질이고, 어린아이 손등 같은 보송보송한 감촉, 아무리 밟고 매 만지고 쓰적거려도 모래는 살갗에 작은 상처 하나 입히지 않는다.

 백사장은 천연의 자연 찜질방이기도 하다. 칠팔월의 태양이 이글거리는 한낮, 장작불로 달군 듯 화끈거리는 모래더미 속에다 온몸을 파묻고 있으면 그 열기가 피부에서부터 서서히 오장육부와 뼈마디 사이사이로 전해져, 신경통이며 관절염 같은 만성 질환에는 그만이다. 또한 바닷새며 사람들의 좋은 놀이터도 백사장만 한 곳이 있을까, 망망대해를 날다 지친 갈매기들이 잠시 내려앉아 쉬면서 모래 위에다 오종종한 발자국들을 수도 없이 남겨 놓아도 금세 파도가 와서 씻겨주어 일시적으로 헝클어졌던 모습을 본래로 되돌려 놓기도 한다.

 모래란 자기 고집을 내세우지 아니하는 살가운 녀석이다, 파도가 와서 때리면 때리는 대로, 아이들이 달려들어 모래성을 쌓으면 쌓는 대로, 얼마든지 그들의 취향에 따르도록 내맡겨둔다. 사람들이 이따금 모래로 근사한 예술작품을 빚어내기도 하지만 한 번의 파도에 여지없이 허물어져 본래의 평형상태로 되돌아가 버린다. 불가의 가르침인 무상의 비법을 가장 확연히 깨닫게 하는 존재가 이 모래가 아닐까 싶다.

 매년 한두 번씩 고향 친구들 부부와 함께하는 모임인데 나이가 들었어도 같이 할 수 있다는 게 얼마나 좋은지 서로의 눈빛만 봐도 알 수 있고, 말하지 않아도 대답할 수 있는 친구들이 아닌가? 고등학교를 졸업하고 지금까지 변함없이 우정의 친구로서 지낼 수 있다는 게 쉽지 않은데 지금까지 이어져 왔으니 얼마나 대견하고 자랑스러운지!

학창 시절은 시골이다 보니 거리가 있는 친구도 있고 인근에 있는 친구들이 있어서 통학하는 데 어려움이 많았으나 하교 시에는 그래도 시간적 여유가 있어서 학교 근처 우화정이라는 산에도 같이 가서 소소한 음식으로 즐거움을 나누었던 모습. 쉬는 날에는 10여 리의 거리가 있는 친구 집을 방문하여 놀았던 기억. 인근지역에 있는 냇가에 가서 민물고기를 잡아 매운탕을 끓여 먹던 일등이 지금은 하나의 아련한 추억으로 남아있어 마음은 아닌데 몸이 그때 하고는 다르다 보니 지금은 세월의 흔적으로만 간직하고 있다.

그나마 지금까지 큰 대과 없이 잘 살아준 친구들을 보면서 정말 잘살았다고 하는 말을 해주고 앞으로 언제까지 만날지는 모르지만 사는 날까지 변치 말고 지금처럼 살았으면 좋겠다는 생각에 젖었다. 나는 광활한 대천해수욕장 백사장을 거닐며, 이 우주 공간과 존재의 의미를 새기고, 먹구름이 달라지고 같아짐, 그리고 순간과 영원 같은 것들의 의미를 붙들고 모래 위를 걸었다.

빛과 소금도 나의 몫이다

나의 평생 친구이자 반려자의 생일을 맞아 자식들로부터 큰 선물을 받았다.

환갑이 지나고 육십 중반이 되다 보니 건강한 사람도 있지만, 대부분은 남는 게 몸의 불편함과 병만 남는다.

나 역시 이미 양쪽 다리 고관절 수술을 하였고 수면장애, 고혈압 그리고 어깨 및 손가락관절, 무릎까지 아프다. 집사람 역시 고질병인 기관지천식으로 하루하루를 힘겹게 살고 있고 두 번에 걸쳐 허리디스크 수술 후 정상적인 생활을 못 하고 지내고 있는데 이런 것을 알기라도 한 듯이 이번 집사람 생일선물로 부모님에 대하여 종합검사 및 진료를 할 수 있도록 해주었다.

자기들 살기도 어려울 텐데 그래도 부모라고 효도하는 모습을 보니 마음은 부담스럽지만, 한편으로는 고맙기도 하다. 이렇게라도 부모의 마음을 헤아려 주고 보답을 해야 하겠다는 생각이 평소에 있었기에 가능했으리라. 이런 모습을 보는 부모로서는 보람도 느끼지만 대견스럽고 자랑스럽다는 생각이 들었다. 그동안 자식들한테 특별히 잘해준 것도 없는데 부모의 도리를 다했는지 다시 한번 생각을 해 본다.

　부모로서 남들처럼 흡족하게 해주지도 못했고 누구나 할 수 있는 기본적인 것만 해줄 수밖에 없었다. 물질적인 도움보다는 자녀들에게 부모로서의 할 일에 충실한 게 전부였고, 달리 보면 자녀들은 부모를 보고 배운다고 하듯이 크게 내놓을 것 없이 살아왔건만 그래도 부모의 기대에 어긋나지 않고 구김 없이 잘 자라준 모습들이 오늘에 이르러 알 수 있게 되었으니, 아무리 잘 살아도 안 하는 일도 있다. 꼭 잘 살아야만 도움을 주고 그런 것은 아니지만 그래도 올바르게 열심히 살았기에 가능하고 며느리와 사위가 가족으로 잘 들어왔기에 효와 예의 한 부분을 그나마 잘했다고 본다.

　이번에 진단 결과서를 아들과 며느리가 일목요연하게 정리까지 해서 보내주어 많은 참고가 되었다. 진찰 결과입니다로 시작했다.

[엄마의 증상]
-일단 현대의학으로 병명이 없는 것은 다행. (신체 문제가 아니기 때문) 한의학적으로는 '결흉'이라는 증상으로 몸에 염증이 생겼을 때 이 염증을 배출하기 위해 피부가 가렵다든지 기침 증상이 나타남. 엄마의 경우 체질상 염증이 쉽게 생기는 체질이고 그 염증 반응으로 호흡기 증상으로 발현. (그래서 현대의학으로는 병명 진단을 할 수 없었던 것.)
치료 방법으론 한약을 통해 체질 개선을 진행할 예정이며 약 2달 정도 예상함. 부가적으로 침술도 같이 진행. 생활에서 실천해야 하는 것은 하체 운동(상체로 몰린 열을 하체로 분산)과 닭고기나 매운 음식 섭취하지 않기. 엄마 체질상 닭고기와 매운 음식의 경우 쉽게 염증이 생길 수 있어서이고 부차적으로 밀가루 음식을 먹는 것도 같이 줄이면 좋음.

[아빠의 증상]
-깊은 수면을 하지 못하는 원인은 자는 동안에도 뇌는 계속 활성화 되어 있기 때문. 신경을 많이 쓰거나 예민한 체질의 경우 위와 같은 반응이 나타남.
치료 방법이라고 말하긴 어려운데 증상 완화 및 정신과 약을 줄이는 방향을 위한 한약을 처방할 예정. 엄마와는 다르게 치료 기간을 특정하긴 어렵고 상황을 지켜보는 것이 필요.
한약과 양약 중복 복용 가능.
어깨/손가락 관절 통증의 경우 관절 문제는 아니고 근육이 단단하게 잡혀있어 나타나는 증상. (이것도 다행! 근육은 이완하면 되는 것이어서) 치료 방법은 침술을 통해 땅겨지는 근육들을 푸는 것, 따로 피할 음식은 없으며 마음을 편안하게 하는 것이 중요.

인간은 관계 속에서 산다. 사람과, 가족 간의 관계가 모두에게 힘이 되어 주고 그 힘은 또 다른 누군가에게 전해져 더 많은 힘이 되기 때문이다. 힘을 준다는 것은 타인에게 우리가 가진 것을 선물해 준다는 것을 의미한다. 이런 마음이 자녀들로 하여금 나에게는 잊지 못할 소중함으로 자리매김을 한 것 같다.
자녀들이 잘 자라주어 지금은 어엿한 자신만의 인생에 주인공으로 우뚝 서 있는 것을 보면서 항상 어린 줄로만 알고 살았는데, 이번에 자신들을 낳아주고 길러준 부모의 생각을 하는 것을 보며 책임과 도리를 더 잘해야겠다는 생각이 들었다. 남은 삶을 자신이 아닌 우리 가족, 더 나아가 나보다 못한 이웃들을 생각하면서 그동안 나만의 희망이었던 봉사를 하면서 남은 삶을 살아야 하겠다는 마음의 다짐을 하게 되었다.

속이며 살지 말자

　봄의 전령사인 매화꽃과 진달래, 개나리, 벚꽃, 산수유, 목련 등이 산천을 뒤덮고 있고, 계속되는 가뭄과 미세 먼지 속에서 오늘도 하루를 견디면서 편안한 마음으로 보내려고 했건만 자신을 속이기라도 하듯이 약속을 못 지킨 것이 있어 못내 아쉬운 날로 보냈다. 약속이라는 것은 지키라고 있다. 우리가 사인간이든 공인간이든지 약속은 상대와의 소중한 만남을 위한 가장 기본적인 예의인데, 아무리 거리가 멀고 가깝고를 떠나서 못 지키는 것은 각자의 이유가 있겠지만 나로서는 핑계라고 생각한다. 오늘 약속을 못 지킨 이유로 해서 다소 불미스러운 일이 있었다. 그 약속은 취업하기 위한 면접 시간을 지키지 못한 것이었다. 면접 장소까지 집에서 승용차로 5분 거리라고 하는데 도착시간이 약속 시간을 20분이나 넘겨 겨우 도착하였다. 평상시에도 자주 들렀고 장소도 잘 안다고 하는 것을 보니 삶의 방식이 조금 다르다는 것을 알았다. 오는 과정에서도 여러 차례 전화하면서 주차된 곳으로 와달라, 기다리겠다, 정문에 나가서 만나자는 둥 하면서 나에게 기다림의 한계를 느끼게 했다. 면접 전에서 이런 웃지 못할 태도를 보면서 결과지는 이미

나왔다고 본다. 살아가면서 누구나 똑같은 방법으로는 살 수가 없다. 하지만 취업하려고 지원을 했다면 시간 전에 도착하는 것이 맞다. 더군다나 3일 전에 통보했고 하루 전에도 확인한 차 통화를 했으니 사전에 답사도 하고 현장 분위기도 익히는 게 맞지 않을까? 그래야 당일 마음에 여유도 갖고 제시간에 충분히 도착할 수 있을 것인데, 이런 실수는 기본적인 인성의 부재라고 본다. 여러 가지 사유로 변명은 했지만, 그것은 정당화될 수가 없다. 함께한 다른 사람들은 미리 와서 대기를 하고 있었고 주변 환경 및 현장도 둘러봤다고 한다. 일이란 능력도 중요하지만, 기본적인 가치관과 인성이 중요하다고 본다.

우리는 세상에 태어나 만남의 삶을 살고 있다. 부모의 만남을 통한 출생과 가족의 만남, 이웃과의 만남, 친구와의 만남, 수많은 사람과의 만남을 통해 우리는 삶을 영위한다. 알게 모르게, 가깝던 멀든 대상과의 만남에 의해 삶의 질이 결정되며, 한순간도 만남이 없이는 살 수 없는 것이 인간이다. 누구를 만나느냐, 무엇을 만나느냐, 어떻게 만나느냐에 따라 사람의 가치도 결정된다. 만나기 위해서는 약속을 해야 하므로 불가분의 관계라고 본다. 날개라도 펼쳐 보일 것 같은 향긋한 날씨로 그 무엇이 부족할까 하는 생각을 해 보면서도 각각의 생각과 그릇의 차이가 있음을 알게 되었다. 사람을 얻는 자가 세상을 얻는다고 한다. 그만큼 사람과의 관계가 소중하다 사소한 일이라도 헛되이 보지 말고 평상시에 관심을 갖고 살 필요가 있지 않을까? 많은 사람을 대하고 만나다 보니 이런 촌극도 생기는 것 같아 씁쓸한 마음이 든다.

숙성된 친구를 보는 것 같다

　동갑내기 친구들과 즐거운 만남이었다. 인근지역이 아닌 서울에서 다락방이라는 밴드 소속의 친구가 초대하여 만나게 되었다. 지금까지 살아오면서 처음으로 보는 친구들이다. 만나러 가면서 약간 긴장도 했고 또 어떤 모습으로 볼 수 있을지 하는 기대감도 다가왔다. 일찍이 온 친구들은 넓은 식당 홀에서 다들 즐거움에 취해 있었고 말은 들었지만 참석한다고 해서 그런지 반갑게 대해주어 처음 만남이라는 말이 무색할 정도로 반갑게 대해주었다.
　단지 동갑이라는 이유만으로 스스럼없이 자리를 같이하여 대화하게 되었고 함께 식사하면서 명함도 주고받으며 통성명을 하여서 그런지 묵은지처럼 오래 숙성된 친구를 만나기라도 한 듯한 기분이었다. 전국 각지에서 이 지역으로 와서 열심히 살아온 흔적들이 얼굴에는 주름진 나뭇결과 같았고 머리는 백발이 되어 그나마 일부는 희끗희끗함이 물들어 있는 것을 보며 역경의 세월을 이겨낸 흔적으로 보였고 삶의 훈장으로 남았다. 지금 이 자리에 온 것도 굴곡진 삶이 있었지만, 열심히 잘 살아왔기 때문에 가능할 수 있을 것이다.

가을은 벌써 우리 앞에 우뚝 서 있다. 가을은 해마다 좋은 계절, 한 해를 수고하면서 견뎌온 보람이 가을에 있고 다시 한 해를 살아갈 에너지를 가을에 얻는다. 곡식이며 과일이 이 계절에 결실을 맺고 수확된다는 말을 이렇게 에둘러 하는 것으로 표현하고. 이런 좋은 결실의 계절에 좋은 친구들을 만났으니 얼마나 뜻있는 날인가! 오늘을 위하여 그 많은 날을 보내었다고 하는 생각을 해 본다.

가을에는 곳곳에서 많은 행사가 치러진다. 이곳에서도 작은 음악회가 있어서 자연스럽게 그곳으로 발길을 옮겼다. 잠시나마 동심의 나락으로 들어온 것 같았다. 음악 반주에 맞추어 춤도 추어 보고 어깨동무를 하면서 서로의 우정도 확인하고 일부 친구는 직접 노래도 한다. 그 노래가 가수보다도 더 잘하는 것 같았다. 이런 모습을 오래도록 보고 싶어서 나만의 흔적으로 이렇게 남겨 본다.

프랑스 철학자 라로슈푸코는 '적을 만들고 싶으면 친구를 이기고 우정을 쌓고 싶다면 친구가 이기도록 하라'고 한다. 이런 우리의 만남이 무엇을 의미할까? 진심을 담은 우정의 진면목이 아닐까? 그런 만큼 소중하게 생각하고 남은 삶을 살면서 초심을 잃지 않았으면 하는 마음 어찌할까!

사람들과의 관계에서도 그들이 혹은 내가 줄 수 있는 것과 줄 수 없는 것을 생각해보고 줄 수 없는 것, 받을 수 없는 것을 끝없이 기대하면서 가슴 아파하거나 섭섭해하지 않기로 마음먹어 본다. 친한 친구일수록 급한 성미도 누그러뜨려 보고, 화내는 사람을 한 박자쯤 느리게 바라보는 여유도 가져 보자. 행복한 사람의 이야기보다는 힘들고 외롭고 쓸쓸한 사람의 이야기, 인생살이의 수고와

고달픔 속에서도 위트와 해학을 잊지 않고 사는 사람들의 이야기를 애정 어린 눈빛으로 바라볼 수 있는 따스함을 지녀 보려고 노력하자.

　인생은 한 편의 긴 수필이라고 생각한다. 기쁜 날에는 기쁨을, 슬픈 날에는 슬픔을 고독한 자존심으로 삭여 승화시키면서 정제된 언어로 진솔하게 표현하고자 한다. 이것은 어쩔 수 없는 작업이다. 나를 찾는 일이며 나를 구원하는 일이다. 그리고 세상을 깊이 사랑하며 하루하루의 삶을 깊은 사색으로 밀도 있게 살아가는 유일한 방법이라고 나는 생각하며 또 그렇게 살려고 한다.

　누구나 쉽게 만날 수는 있지만 오래도록 유지하는 것 역시 노력하지 않으면 안 된다. 혼자서 한다고 되는 것이 아니다 서로 함께 해야만 우리가 원하는 참다운 우정의 친구가 되지 않을까?

조도와 관매도 여행

　어둠이 몸과 마음을 뒤덮은 심야 이른 시간, 1시 약속한 장소로 지친 몸을 겨우 추스르고 나갔다. 밤이 깊은 시간임에도 약속을 한 사람들이 먼저와 기다리고 있었다. 가기로 한 곳은 진도군에 있는 조도 그리고 관매도이다. 가는 시간만 버스로 5시간 이상 소요되고 또 날씨가 흐리고 비가 내려서 배편을 고려해 일찍이 출발하게 되었다고 한다. 이미 예약한 상태였으며 새벽에 출발해야 한다고 하여 못 간다고 할 수도 없기에 마음은 내키지 않았지만, 약속을 지킬 수밖에 없었다. 또한 새로운 곳을 간다는 것은 나에게는 희망이고 삶에 활력소도 생기고 좋은 기억으로 남을 것 같기에 동행을 하기로 하였다.

　도착한 곳은 10년 전 사고가 생긴 진도군 진도항 여객터미널로 그전에는 팽목항이라고 하였다. 주변에 그 당시 사고의 흔적을 말해 주듯 펄럭이는 추모의 깃발과 추모 장 등이 그대로 나를 맞아주었다. 그때의 참상을 다시 한번 생각하며 숙연한 마음이 일었다. 진도에서 유명한 진돗개의 조형물도 새삼스럽게 다가왔다. 이곳의 명물로 자리 잡은 것을 확인할 수 있었다.

진도항에서 배로 조도까지는 약 11km로 약 40분이 소요되었다. 양쪽으로 펼쳐지는 시원한 바닷바람과 눈앞에 선명하게 보이는 신세계를 맛보게 하는 느낌, 뭐랄까? 조도는 우리나라에서 꽤 큰 섬이라고 알려졌다. 다도해 국립 해상공원은 1981년 12월, 14번째로 지정된 신안군 홍도부터 여수 돌산까지 이어지는 우리나라 최대면적의 해상국립공원이다. 총면적 2,321.512K㎡며 진도군 내 다도해 해상국립공원으로 지정된 면적은 604.03K㎡로 이 지역에 1/4을 차지하고 있다. 또한 진도군을 중심으로 관매도, 나배도, 대마도, 등 크고 작은 107개의 섬으로 이루어져 있고 유인도 27개, 무인도 80개로 되어 있다. 특히 이곳 조도대교는 상 조도와 하 조도에 연결하는 다리로 폭 8.2m, 길이 510m에 달하며, 1997년에 준공이 되어 절경을 이루고 있다.

　제일 먼저 찾은 곳은 하조도 등대이었다. 정상까지는 약 4.5km로 그리 높지 않은 곳에 있어 쉽게 갈 수가 있었으며 경사가 가파른 기암절벽 위에 우뚝 서 있어 이곳을 지나는 선박 또는 관광객들의 감탄을 자아내기에 충분했다. 또한 하조대 등대까지 산행을 할 수 있는 등산로도 잘 정돈이 되었다. 입구에 설치된 전시관은 이곳의 모든 것을 한눈에 볼 수 있을 정도로 준비가 잘되어 있었고 문화 해설자의 설명까지 들으니 공감도 되며 새로움도 느낄 수 있었다.

　등대는 115년이 되었으며 100리까지도 알릴 수 있는 등대였다. '세계를 향하여'라는 조형물은 현대에 있어서 지구촌의 공동과제인 자연과 환경, 그리고 생태계에 대한 끊임없는 유지 노력이 강조

되어야 한다는 생각으로 시작된 본 작품은 3단으로 구성된 안정된 조형물로써 이 작품에서의 돌고래는 해양수산부의 상징이며 또한 우리에게 친숙한 형상으로 작품의 주제로 선택이 되었고, 조형물의 가장 윗부분 '세계로 향한 항해'를 뜻하는 지구의 형태를 돌고래 3마리가 떠받치고 있는 모습을 표현함으로써 해양 시대의 위상을 나타내려 한 것이다. 그리고 음파 표시의 종류로 시계가 불량할 때를 위한 타종으로 음량을 발생시켜 등대의 위치를 알려주는 안개 신호기도 있었다.

이어서 도리산 전망대는 정상에 서면 옹기종기 새 떼가 남아있는 듯한 조도 군도가 그림처럼 펼쳐진다. 서양의 조선 항해가 영국인 저자 '바실 홀 해군 함장'은 도리산 정상에서 본 다도해의 풍경을 지구의 극치라고도 하였고, 입구에 있는 느린 우체통을 보면서 무언가 글을 써서 남겨 놓고 싶은 마음도 들었다. 작은 섬이지만 면사무소, 우체국, 농협, 하나로마트, 초. 중학교 등도 있었고 또 벽면에 진돗개 등을 그려놓아서 섬마을답지 않게 훈훈한 느낌도 들었다. 단 음식은 육지와 차이가 커 기대한 만큼의 맛은 느낄 수 없어 아쉬웠다.

첫날 묵은 곳은 한옥마을로 진도군에서 홍보차 일부를 지원하였다. 전통 한옥 10여 채가 있는데 그곳 중 3개소만 사용할 수가 있었다. 고유의 정서를 느낄 수 있을 정도로 하룻밤을 보낼 수가 있었다. 이곳의 밤은 바닷가에서 불빛과 함께 걸으면서 평생 잊지 못할 야경의 즐거움을 마음껏 누렸다.

다음날은 관매도의 여행으로, 아침 일찍부터 서둘러 이곳에서 배를 타고 가는 길은 그리 멀지 않아 약 20분 정도로 쉽게 갔으며 항해 중 배 밖에서 펼쳐지는 풍광은 외국에 유명한 곳이라도 된 듯한 기분이 들 정도로 크고 작은 섬들의 모습은 탄성을 자아내기에 충분하였다. 가고 싶은 섬으로 지정이 되어 있는 관매도는 다도해해상국립공원 내 1호라는 명품 마을로 만들어진 곳이기도 하고, 관매 8경이(관 매도해수욕장, 방아 섬, 돌 묘와 공돌, 할미중드랭이 굴, 하늘다리, 서들바굴폭포, 다리여, 하늘담) 있으며 유채와 메밀이 필 무렵에는 색다른 볼거리를 제공하는 아름다운 섬이었다.

이곳 관매도 해수욕장은 2.2km에 이르는 백사장의 고운 모래와 청정 해역의 맑은 물과 얕은 수심이 가족 단위의 피서지로 아주 좋은 곳이었다. 주위에는 3만여 평의 대지에 4백 년 이상 되는 울창한 송림이 우거져 완벽한 조화를 이루고 있어 해수욕은 물론 이곳을 찾는 관광객들이 산림욕을 즐길 수 있는 천혜의 해변이었다.

관호마을의 고개를 넘으면 지름이 4~5m 정도 되는 '공돌'이라는 둥근 바위가 있다. 바위에는 손바닥의 손금까지 새겨진 움푹 팬 자국이 나 있다. 공돌 앞에는 묘같이 생긴 돌 묘가 여러 개가 있었다.

나오는 길옆에 쑥 재배하는 것을 보면서 이곳의 쑥 재배하는 것이 남달라 보였다. 그물망이 처져 있었고 양쪽 끝에는 돌로 날아가지 않게 눌러 놓은 게 이곳만의 재배 방식이며 쑥 재배로 상당한 수입을 얻고 있다고 한다. 바람이 많이 불 때를 대비하여 돌담길도 많았고 쑥 재배를 많이 해 쑥으로 만든 막걸리도 한잔하며 독특한 정취도 느낄 수 있었다. 육지에서는 볼 수 없는 톳 칼국수를 마지막으로 먹으면서 1박 2일 일정을 마감하였다.

날씨는 흐리고 비도 왔지만 나에게 좋은 추억과 멋진 낭만의 세계에 푹 빠져 나만의 소중함을 가득 안고 돌아온 소중한 시간이었던 것 같다.

친구의 소중함

저물어가는 인생의 황혼기를 맞아 그동안의 삶을 아름답게 미화하고, 정리하면서 사는 날까지 후회 없는 날들이 되었으면 하는 바람, 김형석 교수는 인생의 황혼기는 60세에서 75세까지라고 하듯이 이런 마음으로 살려고 한다.

그렇게 살려면 첫째는 건강이고 둘째는 경제력, 그리고 주위에 진정한 벗 한두 명이라고 본다. 혼자는 외로워 삶의 참된 의미를 느끼지 못하니 나이가 들수록 친구는 더없이 소중하고 그동안 함께해온 친구들과의 관계가 무엇보다 중요하다. 친구라고 해서 아무나 할 수 있는 게 아니다 보니 진정한 친구를 사귀는 게 쉽지 않다. 그래서 그동안 지낸 친구들과의 관계를 잘 유지하여 평생 친구로, 신뢰를 바탕으로 함께 할 수 있도록 하는 게 필요하지 않을까?

나이가 들면서 자신을 조금 낮추고 상대에 대한 배려를 많이 해야 하는데, 그보다는 자신의 견해와 주장이 앞서는 것을 자주 본다. 요즈음 말로 나이 들면 지갑은 열고 입은 닫으라는 말도 있다. 그런 말을 역행을 하기라도 하는 것 같다.

며칠 전 친구들 모임에서의 일이다. 약 10년이 넘게 함께 해온 동갑네 모임으로 참석하였는데, 다소 실망과 아쉬움이 남는 날이었다. 새롭게 시작한 집행부와 그동안 해왔던 몇 사람들의 주장을 보며 많은 것을 느꼈고 다시 한번 변화를 주어야겠다고 생각하게 되었다.

친구들에게 몇 가지 부탁을 하고 싶은 게 있다. 우리가 세워준 집행부를 존중해주고 다소 부족한 부분이 있더라도 지혜롭게 채워주어야 하고, 사적으로는 친구로서 얼마든지 편안하게 대 할 수 있지만 모임 때문이라도 질서 있게 모임의 발전을 위해서 건설적인 대화가 되기를 바라고, 회의 시 자신의 의견을 말은 할 수는 있지만 가능하면 원만한 진행이 될 수 있도록 배려하는 마음으로 대해주는 부분과 특히 전임 회장이나 임원들은 누구보다도 운영에 대하여 잘 알기에 더 많은 이해와 협조가 필요 한 것이다. 더군다나 현 집행부가 열심히 하려고 하는 마음도 알았으니 친구들 모두가 한마음으로 힘이 되어 주었으면 한다.

말이란 한번 꺼내 놓으면 주워 담을 수가 없다. 따라서 매사에 심사숙고하고 때에 따라서 그것에 맞게 하는 게 필요하다. 남들이 한다고 나도 따라서 두서없이 하는 것은 도리가 아니다. 인간은 한쪽 날개만 달린 천사라고 한다. 그래서 다른 사람과 짝을 이룰 때만이 하늘을 날 수 있다. 다른 사람을 도와 얻을 수 있는 효용은 자신을 위해 일했을 때 얻은 효용보다 훨씬 크다. 타인을 돕는 것을 즐거움으로 삼는다면 우리는 분명히 행복해질 수 있다. 늘어나는 주름을 보면서 그동안 살아온 흔적을 볼 수가 있듯이 남은 세월을 아낌없는 마음으로 살 수 있기를 바란다.

행운의 절반은 나한테서 오고 행운의 나머지 절반은 친구한테서 온다는 말처럼 친구라는 존재는 참으로 묘하다. 혈육이 아니면서 혈육보다 더 가깝고 더러는 가족보다 더 큰 영향을 미친다. 동료나 선후배 그리고 이웃도 친구의 다른 이름이다. 그러므로 나의 생애에서 친구를 빼놓고 이야기를 할 수 없을 것이다. 그만큼 친구라는 부분은 그 무엇보다도 소중하다. 이런 소중함을 서로가 알아주고 믿어주고 부족하면 채워주는 진정한 친구가 세 명만 있어도 성공한 삶이라고 하지 않는가!

살아온 환경이나 태어난 곳도 각자 다른 타지에서 만나 함께 인생을 산다는 것은 커다란 힘이요 재산이라 볼 수 있다. 우리가 항상 좋을 수만도 없으므로 다소 아쉬운 부분이 있어도 감싸고 상처가 났어도 함께 어루만져 주는 그런 친구가 되었으면 좋겠다.

그리스의 어느 철학자는 이야기했다. '한 사람이 평생을 행복하게 살아가는 데 필요한 것 가운데 가장 위대한 것은 친구'라고. 주어진 삶을 한평생 멋지게 엮어 가는 가장 큰 지혜는 우정(友情)이다. 그러기에 우정은 영원한 것이라고 하는 모양이다. 인간이 혼자서는 행복을 누릴 수 없도록 만든 건 신의 섭리일 것이다. 행복은 친구가 있는 사람만이 누릴 수 있는 특권이다.

운명은 타고난 것이 아니라 인간관계를 통한 선택일 뿐이다. 사람은 누구나 인간관계 속에서 자기 내면을 일깨우고 운명을 개척한다. 스스로 운명을 개척할 수 있는 사람은 어떤 위기도 극복할 수 있는 에너지를 얻는다고 한다. 『좁은 문』의 작가 앙드레 지드는 말했다. 늙기는 쉽지만 아름답게 늙기는 어렵다고. 인간은 누구나 늙게 마련이다. 아무리 인간 수명이 늘어나 장수 시대가 됐다고 해도 늙지 않는 사람은 없다. 젊은이들은 흡사 늙지 않을 것처럼 살지만 그들도 역시 늙게 된다.인간이 늙는다는 것은 보편적인 자연 현상이지만 아름답게 늙는다는 것은 노력과 선택적인 것 같다. 아름답게 늙기 위해서는 그에 상응하는 대단한 노력이 있어야 하기 때문이다. 우리 주변을 살펴봐도 그냥 늙어가는 사람은 많아도 아름답게 늙는 사람은 드문 것 같다. 아름답게 늙어가면 그 삶의 질은 윤택해지고 남이 보기에도 좋다. 세월이 가면 갈수록 내 주위 사람들은 하나둘 떠나기 마련이다.일상생활이 외로워지고 고독할수록 가장 곁에 두고 싶고, 가장 그리운 게 친구가 아닐까 싶다. 노년에 친구가 많다는 것은 무엇보다 큰 행복이다. 좋은 친구들과 함께라면 아무리 먼 길이라도 즐겁게 갈 수가 있다. 이별이 점점 많아져 가는 고적한 인생길에서 서로 안부라도 전하며 종종 만나야 한다. 빈대떡에 막걸릿잔이라도 부딪치며 회포를 풀고 격려하며 즐겁게 지내야 한다. 그게 행복한 노년의 삶을 구축하는 데 크나큰 활력이 되지 않을까?노년의 친구는 단순한 친구가 아니라 나에겐 소중한 보물과 같은 존재로 여겨지는 오늘! 노년의 친구에게 내 속내를 다 드러내도 부끄럽지 않은 마음이 든다. 세상 살아가는 이야기를 해도 편안한 사이다. 노년에 마음만 먹으면 언제든지 만날 수 있고 대화할 수 있는 친구가 있다는 건 스스로 마음을 든든하게 한다. 마치 잔액이 두둑한 예금통장을 쥐고 있는 것처럼. 어디선가 읽은 적 있던 글이 새삼 떠오른다.

꽃잎 떨어져 바람인가 했더니 세월이더라.차창 바람 서늘해 가을인가 했더니 그리움이더라.그리움 이 녀석! 와락 껴안았더니 노년의 눈물이더라.세월 안고 눈물 흘렸더니 어느덧 노년의 아쉬움이더라.

나이 들어가면서 친구는 귀중한 자산이다. 인생의 삶에 활력을 주는 원기소 같은 존재다.진정한 친구들과 만나 커피라도 한 잔 마시며 서로 소통하고 위로하며 즐겁게 지내자. 삶을 토론하고 인생을 논 할 수 있는 노년의 친구는 행복한 여생의 동반자다. 야속한 코로나 역병은 노년의 친구들에게도 시련을 안기고 있다. 일 년이 넘도록 노인정의 문을 굳게 잠가 놓고 친구들 만남을 방해하고 있는 코로나가 저주스럽다. 어서 노인정 문이 열려 노년의 친구들에게 활력이 넘치는 시절이 되었으면 좋겠다.

행복은 마음이 따뜻한 사람을 찾아간다고 하고, 꽃의 향기는 백 리를 가고 술의 향기는 천 리를 가지만 덕의 향기는 만 리를 가고도 남는다. 그러나 친구의 향기는 영원하다고 합니다. 따뜻한 마음으로 서로를 다듬으며 산다면 그게 바로 진정한 행복이 아닐까?

한마디의 말

"가루는 칠수록 고와지고 말은 할수록 거칠어진다고 한다." 아무 생각 없이 하는 말도 듣는 사람의 입장도 고려해야 하는데 그러지 못하는 경우가 많다. 한마디의 말로 상대의 기분을 좋게도 하고 나쁘게도 한다. 물건은 마음에 안 들면 버릴 수도 있고 바꿀 수도 있지만 한번 뱉은 말은 다시 주워 담을 수가 없다. 그만큼 말은 중요하다. 말 한마디 잘못하면 뺨을 맞을 수도 있고 평생 원수가 될 수도 있다. 심하면 목숨까지 잃을 수도 있다. 입은 모든 재앙을 불러오는 문이라는 뜻으로 구시화문(口是禍門)이라는 말도 있듯이…….

며칠 전 오랫동안 서로 도움을 주고받으면서 지낸 지인과의 전화 통화를 했다. 듣고 있던 아내가 앞으로는 그런 사람은 가능하면 만나지 말라고 하는 말을 한다. 같은 말도 합당한 이유를 대면서 하는 것도 아니다 보니 듣는 처지에서는 마음이 편치가 않았다. 가끔 귀에 거슬리는 말을 해도 이해를 하곤 했지만, 이번에는 그때와는 사뭇 느낌이 달라, 그 정도 이해도 못 하느냐고 하면서 되물었다.

나도 평소에는 그런 생각을 하지 못했는데 오늘따라 내가 지나

쳤나 싶은 마음도 들었지만, 앞으로는 내 입장도 알아주었으면 좋겠다는 생각이 들었다. 내가 맘이 안 든다고 상대도 그런 것은 아니다. 부부간이라도 서로의 입장을 배려하면서 말을 했으면!

　만남이란 서로의 이해관계에 따라서 만나는데 상대의 마음을 잘 모르면서 혹시 문제라도 생길 것 같다는 생각으로 걱정스러워서 하는 말이겠지만 그런 관계는 아니다. 사람이란 완전할 수가 없다. 누구라도 장, 단점이 있다. 아무리 부부이지만 사소한 말 한마디로 기분이 상할 수도 있다는 것을 알았다. 오랜 세월을 같이 살아왔지만, 원하는 대로 다 할 수가 없기에 서로 맞추어가며 살아야겠다는 생각도 했다.

　우리는 말에도 사랑을 주고 희망을 주는 말도 있지만, 우리가 쉽게 내뱉는 말 한마디가 상대에게 아픔과 상처를 주는 말도 있다. 때론 한순간 무심코 던진 말 한마디가 싸움이 되고 감정이 되어 다시 안 볼 것 같이 솟구치는 감정을 드러내며 불 속에 던져진 화약과 같이 곧 터질 것 같은 분노를 사기도 한다. 그때야 자신의 말실수를 인정하고 잘못된 말에 후회하며 생각 없이 지나가는 말로 한 것이라며 변명도 하곤 한다. 그땐 이미 상대에게 아픔과 상처를 준 주워 담을 수 없는 일이 생긴 후다. 입 속에서 혼자 중얼거리며 무심코 내뱉는 순간 담을 수 없다.자신만 생각하고 상대에 대한 배려심의 부족일까? 주워 담기에는 너무 늦었다고 후회하지만 소용없다. 그 순간을 지나고 보면 또다시 잊고 지나가는 게 세상살이다. 내가 듣기 싫은 말은 상대도 듣기가 싫은 것이다. 가족이라는 이유로, 친하다는 이유로, 충고의 말을 한다는 이유로 무심코 내뱉는 말들.부정적인 말 한마디 때문에 자신에 대한 부정적인 생각 때문에 우린 긍정의 삶을 놓치는 경우도 허다하다. 옳고 그릇됨이 문제가 아니다. 의사소통으로 하는 말 한마디를 배려와 긍정적 희망을 주는 말로 지켜주면서 내가 뱉은 한마디의 말이 상대에게 상처를 주고 있지는 않은지를 먼저 돌아보고 상대방에게 용기를 주며 세상을 아름답고 살 만한 세상으로 변화시켜 나간다면 나의 따뜻한 말 한마디가 세상을 밝히는 힘이 될 것이다.평소 우리가 일상에서 소통을 위해 하는 말이 상대에게 사랑도 주고 희망도 주는 말이 되도록 배려한다면 누구나 삶의 여유와 행복을 가져다주겠지. 지금 내가 하는 말 한마디가 우리 사회와 이웃들에게 희망의 메아리가 되어 온 세상에 퍼져나가 말의 소중함을 알게 해주고 싶은 날, 다 같이 아름다운 세상을 만들어 갈 수 있다는 생각으로 오늘 하루도 의미 있는 하루를 보내고 싶다.좋은 말, 고운 말, 진실한 말들만 해야 하나 그럴 때도 말은 신중하게 해야 한다. 아무리 좋은 말만 한다 해도 좋은 말 몇 마디에 좋지 못한 말 한두 마디쯤은 섞이기 쉬운 것이 사람의 말이다. 말로 입힌 상처는 칼로 입힌 상처보다 크다고 한다. 부부뿐만 아니라 함께 사는 사회에서 조금씩 양보하고 상대의 처지에서 생각해보는 지혜를 가졌으면 하는 바람이다.

희망의 끈

 땅거미가 검게 물들어가고 따뜻한 빛이 어둠으로 변하여 나그네의 마음을 우울하고 스산하게 하는 세월의 변곡점에서 하루를 보낸다. 매일의 일상이 이렇게도 아쉽고 무언가 채워지다 만 것 같다. 인간의 욕심일까 아니면 무지의 날개라도 달고 있는 것일까. 현재 나의 현실을 그대로 표현하는 듯하다.
 생명이 있는 동물은 생존에 본능이 있고, 살아가기 위해서는 여러 방법이 있지만, 자신만이 할 수 있는 것을 찾아서 살고 있다. 매년 반복되는 일이지만 올해 맘은 새순이 들어 자신만의 찬란한 세월을 보내고 비바람에 흩날리며 떨어지는 낙엽으로 뒹굴고 있는 것을. 하루하루를 맞이하며 보내고 있지만 허기진 배를 움켜쥐고 먹이를 찾아다니는 야생동물이라도 된 듯한 기분은 무엇이란 말인가?
 삶이 그대를 속이고 부질없이 지나간다고 해도 참고 기다려보자, 마냥 기다리기보다 스스로가 할 수 있는 일을 다 하면서 한다면 반드시 원하는 것을 얻을 것이다. 진인사대천명(盡人事待天命)이라는 말처럼 인간으로서 최선을 다하고 하늘의 뜻을 따르면 되지 않을까? 오늘도 용광로에서 용솟음치는 불길을 생각하면 무엇을 못 할까 꾸준히 자신을 불태워보자, 그 길이 바로 나의 길이 아닐까!

사즉생 생즉사(死則生, 生則死)라고 하듯이 죽으려고 하면 살 것이요. 살려고 하면 죽을 것이라는 뜻이다, 이런 마음으로 산다면 하루살이의 인생을 살아서는 안 될 것이다. 희망의 끈을 놓지 말고 일상의 날들을 더욱더 갈고 닦아서 소중한 보배로 만든다면 삶이 더욱더 알차고 풍요로워지지 않을까! 산다는 것이 기쁨이라고 하지만, 사람의 앞날은 한 치 앞을 알 수 없다. 아무리 사랑하는 사람이라도 이 아픔의 고통을 나누어 가질 수 없지 않은가? 몸이 점점 힘들어진다. 오래된 자동차의 엔진 소리가 거칠어지듯 오랜 세월 함께 달려온 몸덩이가 씩씩거리며 제대로 말을 듣지 않는다.

인생은 고행이라지만 참 의미를 되새겨 보며 몸을 달래본다. 세월의 수레바퀴에 인생 육십갑자 한 바퀴 돌고 나니 긴장감과 자신감마저 떨어진다. 새로운 신발로 갈아 신을 때마다 인생길은 어색하고 고달팠다. 익숙한 편자처럼 지난 일들은 그리워지고 다가오는 현실 앞에서는 말발굽 갈이에서 말의 아픔처럼 느껴졌다. 발자국은 걸어온 나날들이 새겨진 흔적이다. 삶의 여정 속에서 참고 견디는 가운데 편안한 편자처럼 행복을 맛볼 수 있지 않을까? 밑창을 간 신발을 신는다. 발도 편안하다. 요란한 소리는 사라지고 사뿐사뿐 걸음도 경쾌하다. 우리의 삶에도 새 편자 하나 박아 넣으면 어떨까?

시작은 불편할지 모르나 습관이 되면 자연스럽고 나만의 편리함도 느낄 것이다. 그렇게 걸어온 나날이 쌓여 이제는 보내야 하는 게 아쉽고 일말의 미련이 남는다. 모든 걸 내려놓고 잘 살아 온 것만 생각하면서 살자. 그런 마음이면 어두운 그림자는 저 멀리 지평선 너머로 사라지고 떠오르는 태양처럼 가는 길에 빛으로 맞아 주겠지!

조급해하지 말고 삶의 희망을 대자연의 이치에 따라 찾는다면 시간이 흘러도 올 거라 마음의 다짐을 해보자.

세월이 참 빠르고 무정하다. 신년을 맞은 게 엊그제 같은데 어느새 년 말 끝자락에 와 있는 걸 보니 인생이 무상하고 덧없다는 느낌이 나만의 생각일까? 세월이 유수 같다느니 쏜살같다느니 하는 말들, 너무 삶에 대한 애착도 중요하지만 지나침은 부족한 것만 못하다고 생각하고 여유로운 마음으로 살면 어떨까? 마음속으로 되뇌어 본다.

바람에 지는 꽃잎은
서러워하지 말자.

꽃잎이 떨어진 그 자리에
열매의 속살을 돋으려

서산마루를 넘는
석양을 바라보며
눈을 흘기지 말자.

내일 아침이면
눈부시게 태양은
다시 떠오르리.

칠흑 같은 어둠 속
폭풍우 앞에서도
두려움에 떨지 말자.

이윽고 파란 하늘 저편
찬란한 무지개가 피어나리.

살아 있는 모든 것들은
희망의 씨앗을 품고 있다.

-희망. 정연복

PART_4

마음의 향수

겨울의 한복판에서

 우리 고유의 명절인 설날과 추석을 맞는 것이야말로 온 가족을 만난다는 기대감과 설렘이 있어서 내심 흥분된 마음으로 기다려진다. 역시 명절은 가족들과 옹기종기 모여 전도 부치고 맛있는 것도 만들어 서로 나누어 먹으며 덕담과 즐거운 이야기꽃이 피어나는 시간이다. 그렇게 만나서 가족애도 느끼고 서로의 관심사도 주고받으면서 보내는 시간이 더 없는 소중한 시간이며 정성 들여 만든 음식으로 차례도 지내고, 부모님 성묘까지 다녀와 명절의 격식을 다 마치면 자녀들에게 세배도 받고 세뱃돈도 주었으며 또한 용돈도 받았다.

 그렇게 분주하게 함께하던 날이 훌쩍 지나가고 나면 집사람과 둘만이 남으면 가족이 다 모였을 때 북적거리며 웃고 그동안 못다 한 이야기꽃을 피우며 지낸 시간이 너무 짧다는 생각이 드는 건 핏줄에 대한 사랑의 시발일까, 모처럼 온 집안이 북적거리며 가득 찬 것을 보았던 모습이 눈에 선하게 그려진다. 만남이 있기에 헤어짐도 있겠지만 가족들과 만남은 더 많은 아쉬움이 남는다. 지금은 부모로서 자식들을 보지만 내가 어렸던 시절 거의 혼자서 외롭게 명절을 보냈던 것 같다. 현재의 이런 모습은 상상도 할 수 없었다. 부자가 별다른 것이던가 현재의 나 자신이 바로 부자가 아닐까?

　우리보다 앞선 세대도 이러한 마음으로 살았으리라. 어찌 보면 우리는 앞선 부모님들의 발자국을 따라 밟고 가는 것이 아닐까 하는 생각을 해보며 나 자신 생의 나이테가 더해짐을 생각하니 나도 모르게 허전한 생각이 든다.

　새삼 빈 둥지 증후군이라는 말이 생각난다. 제비가 알을 낳고 부화를 해서 열심히 먹이를 물어다 키웠는데 어느 날 갑자기 훌쩍 떠나버렸다는 것처럼 현재의 나 자신 그런 마음이다.

　올겨울로 접어들어 추운 날씨이지만 하늘에는 구름 한 점 없이 맑고 청명함을 선물로 주는 날 하천에는 추위를 견디다 못해 물이 얼어서 빙판으로 변해서 쉽게 다가가기가 두려웠고 찬 바람이 불어와 떨어진 낙엽이 쓸려나가는 것을 보니 자연의 이치는 그 누구도 막을 수가 없는 것 같다. 날씨가 춥다 보니 공원에 산책하는 사람도 드문드문했고 온몸을 방한복으로 무장을 하고 걷는 모습이 애처롭다 못해 안쓰럽게 보인다.

　어린 시절 시골에서 자랄 때는 별스럽게도 추웠던 것 같다. 먹고 살기가 힘들기에 옷차림도 허술해서 그런지 엄청 추웠다. 빙판이 된 냇가 등에서 친구들과 눈썰매를 타던 날들이 눈에 선하다. 한 동네에서 사는 친구, 이웃에 형, 동생들과 썰매를 타고 신나게 놀던 시절이 아련하게 그리워지고, 여럿이 함께 즐기다 보니 나도 모르게 심하게 타다 넘어져 입술이 터져서 피를 흘리며 울고 왔는데 어머니는 위로는 하지 않고 야단만 하던 생각이 나만의 추억으로 남아 있다. 그때 그 상처의 흔적이 지금도 선명하게 있다. 도시에서의 겨울은 그런 낭만을 볼 수가 없기에 마음만이라도 그때 그 시절로 돌아가고 싶다.

고향이란 언제나 포근하게 감싸주고 안아주는 어머니의 품속으로 기억이 되고 평생 잊지 못할 추억의 한 페이지로 남을 것 같다. 명절이면 더 그리워지고 그때의 모습이 생생하게 그려지는 것은 누구나 고향이 있는 한 지워지지 않는 곳으로 자리매김하리라! 춥다고 해서 움직이지 않고 활동을 안 하면 무료해지기에 일부러 공원 산책을 하면서 어렸을 때 자라왔던 내가 살던 고향 생각을 하게 된다. 운도 움직이는 사람한테 함께 한다고 하듯이 추운데도 불구하고 산책을 하고 보니 훨씬 기분도 상쾌하고 삶에 활력도 생기는 것 같다.

연휴이고 또 날씨도 추워 온종일 집에서 지내는 게 답답하고 마음도 달래고 기분전환도 할 겸 해서 인근 공원을 다녀왔다. 움직이며 잠시나마 걷다 보니 몸과 마음이 날아갈 것 같은 기분이다. 행복은 이 세상 어디에도 자리 잡고 있지 않으면서 이 세상 어디에서도 모락모락 피어나는 삶의 기쁨이다. 이 소소한 행복을 위해 오늘도 후회 없는 날이 되었으면 하는 바람으로 이 하루를 지내고 있다.

따스함 속의 하루

　봄 아지랑이가 그윽하고 진달래꽃이 가는 길옆으로 삐죽이 자랑이라도 하듯 내밀고 있는 날 산악회 회원들과 인근 산을 다녀왔다. 가까운 거리에 있지만, 오늘 가는 길은 처음이다. 험하지도 않고 능선 길로 이어져 있어서 어렵지 않게 갈 수 있어서 마음이 여유로웠고, 함께 가는 산악회는 처음이라 출발 때는 다소 어색하고 불편함도 있었으나, 산을 좋아하는 사람들이다 보니 자연스럽고 편안한 관계가 되어 잘 왔다고 생각하였다. 오늘따라 날씨도 화창했고 춥지도 덥지도 않아서 산행하기에 아주 좋은 날, 봄 가뭄으로 온 대지가 메말라서 그런지 걷는 발걸음마다 먼지가 날릴 정도였다. 이러다가 산불이라도 나면 큰일이라는 생각도 들었다. 전국각지에서 크고 작은 봄철 산불이 나는 것을 보면서 한순간에 잘 가꾸어 놓은 산림이 잿더미로 남는 것을 생각하면 정말 조심을 해야 하겠다는 생각이 안 들 수가 없다. 길 양옆으로 펼쳐진 소나무와 그에 뒤질세라 다양한 종류의 산림들이 살아서 반갑게 나를 맞이해 주는 것 같은 느낌이 들며, 언제와도 그 자리를 묵묵히 지키면서 맞이하는 그 모습 우리는 잘 지키고 보호해야 하는 책임이 있다는 생각이 뇌리를 스친다. 맑은 하늘과 정겨운 산악인들을 보면서 나도 모르게 정감이 더해지고, 산 중턱에서 각자 준비해온 간식을 나누어 먹으면서 즐거움도 만끽한다. 운도 움직이는 사람에게 온다고 하는데 함께 하신 모든 분 좋은 일들이 많이 있기를 바래 본다. 오늘따라 산악회서 시산제를 지낸다고 하여 집행부에서 많은 준비를 하여서 그런지 행사에 묘미도 좋았고 격식을 갖추어서 진행하니 올 한해는 무탈할 것 같다는 생각이 들었다. 장소가 산림욕장으로 이어져서 더욱 의미가 있었고 행사에 참여한 사람들 역시 이 지역의 유지들과 지인들이 많이 참석하여 시산제가 더욱 빛이 났다. 준비한 음식은 아래 지방의 토속적인 맛으로 오랜만에 나의 입을 즐겁게 해준 파김치, 생선, 나물, 홍어회 등은 일품이었다. 이곳만의 특색으로 도롱뇽의 서식처도 있었고 지자체에서 어린이나 유치원생들에 야외학습장으로 활용하려고 만든 것 같다. 아직은 부족하지만 조금 더 보완하면 아름다운 산림욕장으로 거듭날 것 같았다. 가까운 곳에 있어서 가족들과 함께 오는 것도 추천해볼 만하다는 생각이 들었다. 우리의 마음을 훔쳐서 달아날 것 같은 오늘을 보면서 주변 경관을 보니 자신 역시 살아 있음에 감사함을 느끼며, 삶이 다소 지치고 힘이 들어도 동행자와 함께 더불어서 보낸다면 많은 힘이 되고 그것으로 새로운 나만의 역사가 만들어지겠지. 더도 말고 덜도 말고 오늘만 같아라는 말이 와 닿는다. 이러한 기분을 어디서 느끼고 맛볼 수가 있을까? 그래서 여행은 우리의 삶에 활력과 새로움을 선사해 주는 것 아닐까. 능선에서의 산림욕은 그 어떤 약보다도 효과가 좋은 보약이라고 생각한다. 내려오는 길에 천문당이라는 경기도 문화재 자료를 보았는데 진주 유 씨 종친회에서 안산시의 문화발전을 위하여 2003년도에 기부를 했다고 하는데 전통적인 한옥으로 선조들의 흔적이 묻어나는 고택이었다.

독서를 앉아서 하는 여행이라고 한다면 여행은 서서 하는 독서라고 해야 할 것이라고 누군가는 말을 했었지, 서서 하는 독서라는 기법이 재미있고, 걸으면서 하는 독서라고 해도 통할 것이다. 여행자들은 새로운 것을 만나기 위해 여행을 떠나고 작가들은 좋은 소재를 찾기 위해 여행에 나선다, 그렇다면 작가 신분의 여행자는 과연 어떠할까? 새로운 것도 찾고 겸손하게 사양하여 좋은 소재도 찾고 꿩 먹고 알 먹기를 하는 것 아닐까?여행이라는 것도 국내 명승지나 해외를 다녀오는 일이 될 수도 있고 내 고향 주변의 산천경개를 둘러보는 일이 될 수도 있지만, 어쨌거나 여행길에서 보고 듣고 느낀 감수를 문학적 사고를 통해 펼쳐 보인다는 데서는 공통분모를 찾을 수 있을 것 같다. 여행에서는 일행이 중요하다. 사방팔방에서 모여와 서로 일면식도 없지만 같은 산을 찾아왔다는 그 한 가지 이유만으로 그들은 일행이 되어 기꺼이 서로에게 도움이 되어주고 벗이 되기도 한다.

숨을 죽이고 산의 숨소리를 듣는 시간, 눈을 감고서 진실한 산을 보는 그 시간, 그 어느 때보다 그러한 시간이 좋다. 사계절이 있는 한 나의 산행은 계속 이어질 것이고 산행을 나선 나의 발길에 사계절은 하나둘 계속 바뀔 것이다. 이것이 진정한 산악인의 자세요, 산을 사랑하는 사람의 몸가짐이며 '산이 거기 있어 산에 가고 물이 거기 있어 물에 간다'라는 글을 사랑하는 산행의 마음인 것. 사람을 얻는 자가 세상을 얻는다고 하듯 새로운 분들과의 만남을 통하여 마음의 크기를 조금이나마 늘리고 온 날이었던 것 같다.

마음의 고향

며칠 전 큰 딸네 집에 갔다. 현관문을 열고 들어가는데 외손주가 뛰어나와 할아버지를 부르며 와락 하면서 안긴다, 유치원에 다니며 재롱떠는 모습이 너무 귀엽고 때 묻지 않은 순수함으로 다가오고, 그런 모습을 보면서 내가 어려서 의지하고 지냈던 외갓집의 지난 시절이 아련하다.

외갓집까지의 거리는 가는 길만 삼십 리 길, 그때 나는 외갓집이 너무 좋아 간다고 하면 며칠 전부터 설렘과 기대를 하였고 가서도 다시 오기가 싫을 정도로 외할머니가 잘해 줬어, 외할아버지는 배움도 많으셔서 근엄하게 보였지만 외할머니는 언제나 따뜻함과 포근함으로 다가왔었지. 그랬던 것은 사는 곳이 너무 적적한 가운데 외롭게 살았던 이유가 컸었고 아버지에 대한 불만도 작용했다.

술을 좋아하셔서 술을 마시는 날 이 안 마시는 날보다 많았고 그런 날은 어김 없이 어머니와 의견 충돌로 인한 가정불화가 생겼다. 그런 모습을 보면서 살고 있으니 집에 가고 싶지 않았고, 외갓집에 오면 하루라도 더 있다 가고 싶어서 언제 갈 건지를 여러 번씩 물어보며 머무르고 싶었으며 졸라서 며칠 더 있게 되면 얼마나 좋은지 원하는 것을 다 얻은 것 같은 기분이었다.

　주로 버스를 이용해서 가야 하는데 어머니의 극심한 차멀미로 인하여 가고 오는 길을 언제나 걸어서 다녔다. 나는 버스를 타는 게 좋았지만, 어머니는 버스에서 나오는 매연도 맡기가 싫다고 할 정도로 힘들어하는데 나만 편하자고 버스를 탈 수가 없었다. 지금은 도로포장이 잘 되어 있기에 다니는 것도 편했지만 그때는 움푹 파인 도로와 일부는 산 능선, 계곡도 걸었고 냇가도 두 군데나 건넜지만 힘든지 모르고 다녔지. 더운 여름날에는 온몸이 땀으로 뒤범벅이 되어 올 때도 많았다.

　지난해에는 옛날의 외갓집 생각이 간절하여 그 시절의 좋은 추억을 생각하면서 찾았지만, 지금은 그때의 흔적은 볼 수가 없고 잡초만 무성하게 자라 있지만 정겹게 지내왔던 그 모습은 먼 옛날의 좋은 추억으로만 간직할 수밖에 없다. 지금도 외할머니의 모습이 눈에 선하다, 밥을 먹을 때도 배가 부르다고 하면 더 먹으라는 뜻으로 부르거나 오라거나 더 먹으라는 말과 겨울이면 장독에 고이 저장해 놓은 홍시를 꺼내 주기도 하셨으며 그 맛은 그 무엇으로도 대신 할 수 없을 정도로 맛있고, 지금도 생각하면 그때가 그립다.

　외갓집은 이모만 여섯이다. 언제나 나에게는 따뜻하고 어머니 같은 느낌으로 맞아 주어서 이모들만은 지금도 잊지를 못해, 지금 생각해 보면 형제도 없이 외롭게 혼자 사는 모습이 매우 안타까웠고 어머니가 큰 딸인데도 불구하고 동생들한테 도움도 못 주어 삶이 너무 고단하게 사는 것이 마음이 많이 쓰였던 것 같았다.

　어머니를 생각하면 아버지의 존재가 나에게는 삶에 걸림돌이었고 술을 안 드시면 조금 나았으나 거의 먹는 날이 많다 보니 집안이 하루도 편할 날이 없었다. 지금도 있지만, 시골의 오일장은 볼일이 있던 없던 다녀오셨고 인근 동네 애경사, 동네 부역 일에 참석하면 어김없이 술을 마셨고 그로 인한 후유증은 온전히 어머니의 몫으로 남았다.

어느 추운 겨울날 이웃 동네 상갓집을 다니러 가셨을 때, 가고 오려면 두 군데의 냇가가 있는데 그곳을 건너야만 올 수가 있는데, 그런데 술이 너무 취해서 첫 번째 냇가에서 그만 넘어져 있다는 소리를 듣고 급한 마음에 리어카를 끌고 가는 데 몸이 추운 물에 담겨서 그런지 하반신을 움직일 수가 없을 정도였다.

신속하게 읍소재지 병원으로 후송하여 3 일정도 입원 치료를 받으니 정상인이 되어 앞으로는 다시는 술을 안 먹는다고 다짐을 하여 얼마나 기분이 좋았던지. 그런데 작심삼일이라는 말처럼 오래 가지를 못하고 똑같이 술을 드셨지. 야속하기도 하고 원망스럽기도 하였으나 어찌할 수가 없었다, 그런 일등으로 인하여 오래 살지를 못하시고 먼저 이별을 하신 것 같다.

그때는 마을도 집성촌으로 이루어진 마을이며 동네에 큰아버지도 살았지만, 아버지에 관한 생각이나 고려가 전혀 없을 정도로 냉담, 인근에 사는 사람들뿐만 아니라 사촌 형제들한테도 무시를 받으면서 살았기에 그 속에 있는 나는 저절로 묻혀 갔다.

어머니는 어떻게 해서라도 오로지 하나 있는 자식을 생각하면서 억척스러울 만큼 열심히 살았기에 그 은혜에 힘입어 지금의 모습으로 살고 있다. 불교에서는 우리네 삶을 고해(苦海)라고도 한다. 그런 세월을 견디면서 지금의 모습으로 살 수 있음에 감사하다는 생각도 든다.

  형제들은 여럿이 태어났으나 계속 실패를 봤다, 혹시 다른 곳으로 떠나서 살면 자식을 얻을 수 있다는 말에, 어떻게든지 자식을 얻으려는 마음으로 이사까지 외갓집 인근으로 가면서까지 노력을 하여 고향을 떠나서 얻은 귀하게 태어난 아들이 아닌가.

  외손주를 보며 내가 지나온 삶을 생각해 볼 수가 있었고, 잘 살지는 못하지만, 자신이 하고 싶은 일을 하면서 살고 있으니 인근에 있는 부모님의 산소에 갈 때마다 낳아 주시고 길러주신 것에 고맙다고 말한다.

  무녀 독남으로 살았으나 많은 가족이 더해져 이 얼마나 다행이고 고마운 일인가. ! 지금은 흔적이 없지만 외갓집은 언제나 포근하고 아늑하고 정겨운 마음의 고향으로 남아 있고 내 손주도 이런 추억이 있었으면 좋겠다.

오월의 어느 날

저물어가는 오월의 마지막 날 한대앞역 로데오거리에서 한 잔술로 아쉬움을 달랬다.

기울어가는 하루의 해가 지고 스산한 밤공기를 마시면서 함께 자리한 지인과의 만남은 그나마 허전한 마음에 위로가 되었고, 쉼 없이 가는 날들이 왜 이리도 마음 둘 곳이 없었는지! 지난 오 개월 동안을 보내면서 많은 일이 있었지만 그래도 무사히 잘 보낼 수 있어서 마음만은 가볍다, 마음 한 켠에는 못 이룬 아쉬움과 미련도 남았으나 잊고 살고 싶은 현재, 술잔을 비우며 잠시 지난 오 개월 동안 살아온 날들을 뒤돌아본다. 특별하게 내놓을 것은 없지만 그렇다고 부족함도 없는 날이었던 것 같다, 단지 가는 세월이 무심하고 나에게는 세월이 어찌 그리도 빨리 가는지 하는 마음, 모든 것을 다 만족할 수는 없지만, 일상의 생활에 더도 덜도 말고 이대로만 살았으면 한다.

서로의 만남이란 만나고 싶어서 되는 것도 아니고 억지로 만날 수도 없지 않은가? 그런데도 지인을 통하여 알게 되었고 그 인연으로 인하여 오늘은 또 다른 분과 함께 한다는 게 우연으로 치부하는 것이 맞을까. 누구나 살아가는 데는 필연적으로 만남이라는 관계를 통하여 크고 작은 일들도 이루어지고 있으며, 지금은 미미하지만 좋은 관계로 이어진다면 이 또한 나의 삶에 크나큰 활력소가 될 수도 있겠지.

한번 만남으로 인하여 서로를 얼마나 알겠는가? 시간을 내어 자주 소통하고 서로가 필요로 만나야 그 만남이 이어지지, 어쩌다 한번 만나서 그 무엇을 생각하고 바랄 수가 있을까? 많은 시간과 노력이 있어야만 좋은 관계가 될 것으로 보며, 오늘의 이 자리가 더욱더 빛이 나고 가치가 있는 만남이 되었으면 하는 마음이다.

만남이 맛남이다.

누구든 인생에 잊을 수 없는 몇 번의 맛난 만남을 갖는다.

맛난 만남을 위해서는 그에 걸맞은 마음가짐이 있어야 하며 우리네 삶은 인간과 인간의 끝없는 만남의 연속으로 이 세상에 사람이 아무리 많아도 만나지 못하면 별로 사는 의미가 없는 것, 비록 지금은 통신수단이 발달해서 만남을 대신할 순 있지만, 그래도 정작 만나기만은 못하며 전화로는 서로 하고픈 말을 못다 하게 되고 만나야 상대방에 대하여 모르고 있던 것을 알게 됨으로써 이해와 정이 더 깊어지는 것 아닌가. 그런 의미에서 늘 만나는 사람도 새로운 대화를 나눌 때는 기분이 색다르다.

한편 관계가 좀 껄끄러워 만남을 꺼렸던 사람도 정작 만나면 가까워지는 경우가 많으며 만나서 대화를 하다 보면 그동안 서로 미처 생각하지 못한 사연으로 가려진 부분 등도 알게 되면 자연스럽게 관계의 개선도 된다.

인간은 자연을 홀시할 수 없다, 그러나 자연 속에서도 가장 중요한 것은 역시 사람, 나는 가끔 복잡다단한 인간 세상이 귀찮고 두려워 혼자 조용히 자연을 찾을 때가 있는데, 정숙하고 아름다운 자연 속에서 삶에 지친 마음을 달래고 싶어서이지만, 처음은 자연 경관에 매료되어 사람이 그리운 줄 모르지만, 점차 시간이 흐르면서 생각이 달라진다.

자연이 아무리 아름다워도 누군가와 함께 감상해야 자연도 더 멋지고 의미가 있는 것, 그러고 보면 뭐니 뭐니 해도 이 세상에서 가장 아름다운 풍경은 역시 인간이 인간을 만나는 것 아닌가?

만남이 의지가 되고 빛이 되고 향기가 되고 용서가 되는 그런 만남을 자주 갖고, 한 겨레는 물론 타민족과도 만나고 외국인들과도 만나고 미워도 만나고 고와도 만나고 몰라도 만나고 알면 더 만나야 한다, 만남을 위해 취미활동 및 문화예술공연도 하고 포럼도 열어 설사 큰일이 아니고 소소한 만남이라도 소중히 여겨야 한다.

만남은 뭉침이다 "뭉치면 살고 흩어지면 죽는다"라는 말을 되뇌어 본다.

새롭게 만나고 또 헤어지는 경우도 얼마나 많은가. 이 또한 각자의 노력에 따라 그 결과는 다를 것, 무언가 새로운 것을 알고 삶에 있어서 크든 작든 도움이 된다면 그것만으로도 만족할 수 있으며, 오늘 이 자리가 나로서는 변화의 물결이었고, 그 속에 함께 할 수 있다는 그것만으로도 다행이고 축복이라 생각한다.

옷깃만 스쳐도 인연이라고 하는데 만남의 소중함도 알며 세상에서 추구하는 성공과 상관없이 스스로 만족하는 삶을 살아갈 때 그것이 바로 좋은 인생이 아니던가. 늘 오늘의 삶이 만족스러우면 그게 곧 행복이 아닐까. 행복이란 아주 먼 곳에 있지 않고 가까운 내 마음속에 있다고 합니다.

  사람의 성품과 문장의 모양새는 거의 비슷하다.

  거연(居然)하고 거침이 없되 교만하지 않으며, 욕됨을 참아내기와 하심(下心)으로써 중생을 사랑하고, 검소하되 인색하지 않고, 유창하되 약장수처럼 떠벌리거나 너스레를 떨지 않고 걸림 없이 말하되 막살이하는 투의 호들갑은 떨지 않고 화쟁(和諍) 하되 이래도 흥 저래도 흥 두루뭉술하지 않고 반드시 진리를 위하여 산다면 그것이야말로 우리가 원하는 삶이 아닐까요.

변해가는 시골의 모습

시골의 풍경과 정서는 언제나 나의 소중한 안식처로 생각을 하며 살고 있다.

도시와는 달리 이웃 간에 정감도 풍성한 그런 모습으로 기억에 남았지만 한편 그런 것이 무색할 정도로 처가댁의 토지에 대한 색다른 사연을 겪었다. 도시와는 달리 시골에는 경작하지 않고 있는 전답이 많고, 젊은 사람들이 도시로 나가 살고 인구가 줄어들고 있는데 그나마 고향을 지키고 있는 사람들은 대다수가 고령화로 접어들었으며 거의 할머니들이 차지하고 있다.

어쩌다 한두 명씩은 귀 촌이나 귀농을 하는 예는 있다. 이 또한 도시 생활에 어려움이 있거나 목적이 있어서 고향을 찾아오는 젊은 사람들이며 옛날에 우리가 지내왔던 모습하고는 거리가 멀다.장모님께서 노환으로 여러 해 동안 집 인근에 소유하고 있는 밭을 경작을 안 하고 있는데 친척 되는 분이 토지를 경작한다고 하여, 여러 해 동안 경작을 못 하고 놀리는 것보다는 낫겠지 하는 마음으로 묵시적으로 허락을 했다고 한다, 그런데 최근에 와서 경작자와 소유자가 일치해야 농업용 비료 등을 저렴하게 구입을 할 수도 있고, 또 지원도 받을 수 있다고 한다.

 옛날에는 묘사로 쓰였던 때도 있었지만, 가족이 내려가서 활용도 하지 않으니, 자신이 이 지역에서 살면서 생계를 유지하고 살아야 하므로 그 토지를 무상으로 명의이전을 해달라고 처남이 고향에 갈 때마다 말을 한다고 한다.최근에 마을에 도로가 난다고 하여 등기사항 등을 확인하여 장인 명의인 땅을 인천에 사는 처제 앞으로 다 해놓은 것을 알면서도 계속 요구하기에 더 이상 들을 수가 없어서 확인한바 묘사나 시제, 종 중 땅도 아니었다.

 모를 때는 구전으로만 들었기 때문에 비슷하게 생각을 했는데 서류상으로도 확인을 하였고 처가 쪽의 나이 드신 가족분들이 그동안 그 땅에 대하여 구입 내용 등을 상세하게 말을 해주어 진실이 드러났다. 처음에는 순수하게 생각을 하여 종중이나 시제 땅이라면 협의를 해서 명의이전을 해준다는 말도 하고 인근에 사시는 친척분에게도 그에 대한 협조도 한 바도 있었으나 그렇게 해서는 안 되기 때문이다.

 명의가 정당하게 되어 있고 거래를 하려면 그에 맞는 대가를 지불하고 명의 이전을 하는 것이 당연한 상식 아닌가?지금 생각해 보면 이러한 내용을 다 알면서 이제 와서 새삼스럽게 명의 요구를 하는 것이 어떤 의도인지. 내용을 알면서 부당한 요구를 하는걸 보면 자신의 욕심을 채우려고 하는 것 같은 생각이 든다. 남의 명의로 되어 있는 땅을 자기 앞으로 사전에 아무런 협의도 없이 해달라는 것은 보통 사람으로서는 납득이 안 되며, 명의를 이전한다는 것은 매매 등 거래를 의미하는데 당연히 당사자하고 협의해서 하는 게 맞다. 이번 건으로 인하여 처가댁의 모든 형제는 그동안 이 땅과 관련이 되었던 사연들을 속속들이 말해 주었고 계속 요구한다면 동네 망신이라도 주자고 하였다.

이 일로 인하여 둘째 처남이 확인하는 과정과 그동안 있었던 일들을 취합하면서 심적 고통에 시달린 걸 생각하니 마음 한구석 동정심마저 인다. 성리학 용어 중 시비지심이라는 말이 있다, 이 말은 옳고 그름을 정확하고 진실하게 판별하는 마음으로 이런 마음을 갖고 살면 분쟁이란 생기지 않을 것이며 성경 말씀에도 욕심이 잉태하여 죄를 낳고 죄가 장성하여 사망에 이르게 한다고 했다, 모든 것이 욕심으로 인해서 생기는 것이다. 지금 시골의 모습은 옛날과 많이 달라졌다 거의 혼자 사시는 할머니들이 많지만, 경로당도 다니면서 자주 왕래하는 것을 보면 가깝게 지내는 것 같지만, 잦은 다툼이나 샘 등을 부리면서 남들은 잘 되는데 나는 그러지를 못하는 것을 보며, 과도한 시기와 질투를 부린다고 한다.

이번 일을 보면서 지난날 어렸을 때의 충효 사상이 많이 변하고 있다는 것도 새삼스럽게 알게 되었다. 혼자 병들고 힘들게 살고 계시는 장모님도 이 땅에 대하여는 그동안 경작을 해왔고 손때가 묻었기 때문에 남다르게 많은 애정을 갖고 살고 있으며, 이를 보고 있는 자식들로서는 마음이 편치가 않다. 한동네에 살면서 언제까지 살지는 모르지만 사는 날까지 서로 정직과 신뢰로 상부상조하면서 우의를 돈독히 하고 살았으면 하는 바람이다.

변화하는 삶

바스락 소리를 온몸으로 느끼며 걸었다. 시야에 펼쳐진 산천이 자신의 아름다움을 뽐내기라도 하듯이 새 단장을 하고 나의 마음을 사로잡았다. 깊어가는 계절의 묘미가 아닌가! 아름다움의 빛이 절정에 이르고 있고 마음도 설레면서 흥분도 된다.

역시 가을은 남자의 계절인가, 나만 그런지 마음이 허전하고 무언가 덜 채워진 느낌이다. 이런 마음을 달랠 겸 해서 며칠 전에는 고향하늘 아래에 두 봉우리로 우뚝 솟아 있는 마이산을 다녀왔는데 고원지대라 그런지 모든 농작물은 거의 다 수확을 하였고 아쉬움만 남은 가을의 모습을 보았다.

사는 집 주변도 떨어지는 낙엽 소리가 예사로 들리지 않는다. 아침이면 어제와 달리 많은 나뭇잎이 흩날려졌지만, 또 채워지고 반복되는 일상, 잎이 떨어져야 또 다른 변화를 맞이하겠지, 항상 한 자리에 머물러 있는 것은 현실에 집착하고 안주하는 것이다. 작든 크든 할 수 있는 일을 한다는 것은 누구나 바라고 원한다. 이런 계절을 반기는 사람도 있고 그렇지 않은 사람도 있지만, 자연의 섭리로 주어지는 현실을 인정하고 순응하는 삶이 더 아름답지 않을까.

낮과 밤 사이의 체감하는 느낌도 완전히 달라 일상의 삶도 바뀌고 있다. 낮에는 가벼운 차림으로 외출을 할 수 있지만, 저녁 시간에는 그럴 수가 없다. 낮과 밤의 시간도 차이가 있어 활동에 제한도 많다.

계절의 변화가 우리에게는 많은 것을 알고 느끼게 해준다. 또 이런 맛을 즐기며 사는 게 우리네 인생이 아니던가? 사는 것이 재미있고 행복 하려면 감동이 많아야 한다고 하며, 소소한 일이라도 마음이 동하고 공감을 한다면 그게 바로 행복이겠지.

주말이라 주변 공원엘 찾았다. 따뜻하고 포근함을 주는 날씨로 여유로움을 즐기는 모습을 볼 수 있었다. 이 지역은 내국인보다 외국인들이 많다 보니 삼삼오오 모여서 자기들만의 놀이로 장기, 화투, 공차기 등을 하면서 보내고 있다. 잠시나마 그들만의 삶을 볼 수 있었다. 평화롭고 행복하게 보였다.

바람이 살랑살랑 불어 떨어진 낙엽이 뒹굴어 날아가고 밟히는 소리가 정겹게 들린다. 이런 나를 누가 알까, 허전함으로 인해 어디론지 정처 없이 떠나고 싶어진다. 춥지도 덥지도 않다 보니 곳곳에서 예술인들의 지역행사로 그동안 갈고닦은 실력을 발휘하기라도 하듯 여기저기 공연장에서 오라고 소리를 지르며 함께 즐기자고 손짓을 하는 것 같다.

우리나라의 사계는 언제나 향기롭고 신비스럽다. 가을의 아름다운 플롯의 음악이 흐르면 곡식들은 고개를 숙이고, 가을은 고개를 숙이는 계절이며 우리네 사람들도 가을이 오면 고개를 숙이고, 인생을 예찬한다. 젊어서는 격정적으로, 지치도록, 뜨겁게 일했고,

많이 사랑하였지.

　그 결과가 빨갛게 익어가는 열매인데, 그러니 가을을 어찌 사랑하지 않을 수 있단 말인가? 나는 나이가 들어갈수록 내 외모와 내 내면이 일치하기를 바란다. 내면은 내 외모의 거울, 밝고, 맑은 외면을 갖기 위하여 우리는 내면을 어느 순간도 청소를 게을리해서는 안 된다. 사람들은 가을을 상실의 계절이라고 말을 하기도 하지만, 눈을 들고 정면을 주시해 보면 모든 사물은 수확하고 있다. '늙는다는 것은 익어가는 것'이란 말도 잊지 않는가?

　가을 날씨는 독특하게도 서로 다른 느낌을 주는 순간들로 가득 차 있다. 아침은 시원하고 산뜻하며, 낮에는 따뜻한 햇볕 아래에서 여행을 떠날 수 있다. 하지만 저녁이면 서늘함이 다가와서 어김없이 당신을 안방으로 돌려보내곤 한다. 이 변화는 우리의 삶과 마찬가지로 불변의 것이 없음을 상기시켜준다.

　사람도 노년기에 접어들면 모든 것이 농익는 계절이다. 빨갛게 물들어 떨어지는 낙엽만을 보는 사람에게는 상실의 계절이고, 익어가는 곡식들과 열매들만 보는 사람에게는 수확의 계절이다. 겨울을 앞에 두고 홀로 서서 장엄히 들려오는 교향곡을 듣는다. 지금까지 내가 살아왔던 추억들을 하나씩 되새김질해 보면서.

안식처가 된 곳

　인근에 소재한 광덕산 꽃빛공원과 부근 둘레 길을 다녀왔다. 그늘진 곳은 눈이 쌓여 걷는데 미끄러웠지만 양지쪽에서는 따뜻한 햇볕과 함께 맨발로 일광욕을 즐기는 사람들이 있어 여유로움이 묻어나고, 바람결은 차가웠으나 따뜻한 곳에서는 봄맞이라도 하는 것 같다.
　가는 길에 여러 종류의 새소리가 하모니를 이루어 걷는 이의 마음을 달래 주었고 바람이 불면 나뭇가지가 흔들리면서 나그네의 마음을 알아주기라도 하듯 반기는 것 같은 기분, 주말이어서 그런지 하나둘씩 산책하는 모습이 여유롭게 보였고, 걷기를 좋아하는 사람들은 둘레 길을 여러 바퀴 돌면서 심신에 건강을 챙기는 모습도 보기가 좋았다.
　어린 시절 고향에서 살 때는 겨울이면 땔감을 준비하느라 바쁘게 하루하루를 보냈던 생각이 난다. 1~2km의 거리에서 지게로 오전에 한 짐하고, 또 점심 먹고 오후에 한 짐을 하는 식으로 하루에 땔감으로 두 짐씩을 하였다, 그때만 해도 나무를 태워서 그걸로 밥 도하고 또 난방도 하던 시절이다 보니, 땔감만 많이 쌓아 놓아도 배가 부르다고 생각하던 때. 먹을 것도 흔하지 않아 쌀밥을 먹는다는 게 얼마나 그리웠던가, 밥상을 보면서 내 밥그릇에 쌀밥이 부모님의 밥그릇보다 작으면 먹지도 않고 투정을 부리기도 했었지. 그 시절을 생각하면 많이 어려운 환경이었지만 나에게는 정겨웠던 아련한 추억으로 남는다.

둘레 길을 절반 정도 걷다 보니 관음사라는 사찰도 있어서 잠시 부처님께 예의도 다하고 조금 더 걸으니 오래된 밤나무가 많이 있어 수확 철이면 사람들이 밤을 줍기도 하고 털기도 하던 곳인데 오래된 나무로서 거북 등처럼 갈라지고 패여서 보는 이의 마음을 안타깝게 한다. 그래도 언제나 변함없이 그 자리에 있어 주어 오늘도 따뜻하게 반기는 것 같다.

자신도 모르게 열심히 걷다 보니 몸에 온기도 살짝 느껴져 추위도 잠시 잊을 수 있어서 상쾌한 기분에 높은 산이 아니어서 산악자전거 동호인들도 만나게 되었다. 추운 날씨인데도 불구하고 산비탈 길을 오르는 것을 보면서 추위를 의식하지 않고 타는 모습도 대견스럽고 자랑스럽게 보였다.

내려오는 길 양쪽에 꽃빛공원이 있고 아래쪽에 어머니 산소가 있어서 그쪽으로 발길을 돌려 온 마음으로 정성을 들였다. 한 달이면 몇 번씩 오지만 오늘처럼 둘레길을 돌고 눈길을 걸으면서 오기는 처음인 것 같다. 나로서는 이곳이 조상님과 부모님이 계시는 곳으로 알고 살고 있으며 좋을 때나 슬플 때나 언제 가도 반겨주는 것 같고, 내 삶에 안식처처럼 느껴진다.

오늘따라 유난히 부모님과 함께 지냈던 생각이 난다. 아버지는 술을 좋아하셔서 집안 살림을 소홀히 하였으나 어머님은 청렴결백 하였고 알뜰 살 뜰 자식 하나를 위하여 헌신했던 모습이 생생하게 떠오른다.

광덕산의 양지와 음지를 보면서 여러 가지를 생각을 하게 되며 언제나 양지만 있는 것도 아니고 또 음지만 있는 것도 아니다, 자신이 적절히 맞추어 사는게 맞지 않을까? 하는 생각을 해본다.

절망은 절대로 혼자 오지 않는다고 한다, 절망은 혼자 오지 않고 늘 옆구리에 희망이란 놈을 달고 온다고 하듯이 인간은 스스로가 뛰어넘을 수 있는 역경만큼 강해짐을 알 수가 있지 않을까.

내 앞을 가로막고 나를 주저앉히는 것은 장벽이 아닌 도약의 발판 혹은 디딤돌로 활용한다면 지금의 인생보다 훨씬 더 자유롭고 아름다운 삶이 되리라 생각하며, 꽃빛공원과 광덕산 둘레 길을 걸으며 나만의 안식처라는 것도 알게 되었고, 우리가 살면서 항상 좋은 일만 또는 안 좋은 일만 있는 게 아니라는 것도 새삼 느낄 수 있었다.

모처럼 만에 여유로움을 즐기고자 찾은 나에게 삶의 진정한 의미와 희망을 귀한 선물로 받은 날로 남을 것 같다.

자연과 함께하는 삶

　배낭을 메고 지팡이를 짚고 거의 하루도 거르지 않고 곰솔 누리 길을 찾는 노부부를 오늘도 만났다. 거의 비슷한 시간에 가다 보니 매일 만나게 된다. 만나면 먼저 반갑게 인사를 하고 건강을 위하여 노력하는 모습이 아름답고 행복해 보였다.
　그렇게 다정하게 손을 잡고 함께 노후를 보내는 모습이 참 좋아 보인다. 아침을 늦게 먹고 나와 하루의 시간을 보내며 사는 현실이 틀에 박힌 것 같지만 나이가 있어 경제 활동을 할 수가 없는 처지라 어쩔 수 없다고 한다. 그나마 이렇게라도 움직이고 활동할 수 있어서 다행이라는 생각을 하시는 것 같다.
　매일 찾는 이 길은 공단과 주택을 사이에 두고 인공적으로 만든 작은 산이다 그래도 오랜 세월이 지나 지금은 자연스럽게 산의 모습으로 모든 이를 반기고 있다. 길 자체가 흙길로 누구나 걷기에 좋고 특히 맨발 걷기도 아주 좋은 길이다. 나무숲 군락으로 이루어져 있어서 산림욕도 가능하고 건강을 위한다면 추천하고 싶은 곳이기도 하다. 산림이 우거져서 그런지 주택지역보다는 포근함도 느끼게 한다.

지난가을만 해도 맨발 걷기가 너무 좋아 빠지지 않고 하루 한 시간씩 걸었는데 지금은 겨울이라 그렇게 할 수가 없어 춥지 않으면 양말 앞뒤 구멍을 내서 신고 걷기도 하고 있다. 그렇게 약 3개월 이상 하니 건강이 조금씩 좋아지고 있음을 체감할 수가 있었다. 그중에서 눈의 피로가 상당히 호전되었고 수면장애로 숙면을 못 했는데 지금은 제대로 잠을 자는 것 같아 얼굴도 달라졌다는 소리를 들을 정도다.

그런데 왜 맨발로 걷는 것일까? 맨발로 맨땅을 걸으면 지압 효과와 접지 효과로 면역력이 좋아진다고 알려지며 특히 황톳길이 가장 좋다고 한다. 황토에서 나오는 원적외선은 세포의 생리작용을 활발하게 해준다고도 한다. 사람의 발바닥은 여러 장기와 연결돼 발바닥을 자극하면 장기의 혈액 순환에도 효과가 있으며 이러한 작용이 아니더라도 녹음 속에서 걸으면 피로감도 덜하고 몸과 마음이 건강해지는 느낌이 든다.하루라도 빠지면 무언가 할 것을 안 한 것 같은 생각이 든다. 자신이 중독되어가는 느낌이다. 주변에서도 몸이 많이 좋아졌다는 말을 들을 때마다 시작을 잘했다고 생각한다. 아직 젊다고는 할 수 없지만, 노부부보다는 젊어서 그런지 걷는 속도부터 다르다. 살아온 세월이 있으니 어쩔 수 없다고 본다. 나 역시 아직은 그럴 때가 아니지만 결코 남의 일이 아니고 내가 가야 할 길이라고 본다. 그전에는 하루하루가 지루하기도 하고 무료함도 느꼈지만, 지금은 그런 생각을 할 수 없을 정도로 하루가 빠르게 간다.

나이가 있어도 무언가 활동할 수 있는 나만의 취미생활이 필요함을 느낀다. 누구의 간섭도 받지 않고 묵묵히 맞이해 주는 산이야말로 지상낙원이 아닌가. 봄에는 새싹이 나와 우리를 즐겁게 해 주고 여름에는 그늘과 따뜻함으로 맞이해 주고, 가을에는 풍요로운 결실로 보답해주며 겨울은 내년의 풍년을 위하여 온 대지를 한바탕 차가움으로 다져주니 그런 자연이 얼마나 소중한가.

흙과 마주하는 발바닥을 보면서 어린 시절에 맨발로 놀았던 때가 생각이 난다. 지금이야 모든 게 넘치지만, 그때만 해도 잘사는 집은 고무신을 신고 그보다 못한 사람은 나막신이나 짚신 등을 신으면서 자랐던 때가 그리워진다.

모든 게 풍요로워진 지금은 발을 지나칠 정도로 보호를 하고 산다. 양말에다 운동화나 구두 등을 신고 생활하며, 특히 여성들은 굽이 높은 구두를 멋 부린다며 필수품으로 애용하니 발은 편할지는 모르지만, 몸에 미치는 부분은 좋을 수가 없다. 발에는 온몸의 장기들이 필요한 역할을 하고 있는데 그 역할을 할 수 없게 스스로 보호막을 치고 있으니 말이다.

한 걸음씩 땅바닥을 디디면 '바닥을 친다'라는 말에 생각이 미친다. 내 몸에서 가장 낮은 곳, 또 더 내려갈 곳이 없거나 더 이상 잃거나 빼앗길 것이 없는 최악의 상황과 마주할 때 흔히 쓰는 말일 것이다. 살아가며 그런 날이 없으면 좋겠지만 피하고 싶다 해서 피해지지 않는 것이 우리네 삶이 아니던가? 바닥은 마지막 배수진을 칠 수 있는 기회의 지점이기도 하다. 그나마 다행이다, 바닥은 모두 잃고 아무것도 없다는 말, 모두 잊고 새로 시작한다는, 오르는 일만 남았다는 또 다른 말이기도 하다. 그래서 바닥은 새로운 희망이다.
  그 희망의 시작이 맨발이 아닌가! 맨발로 걷다 보면 인간과 자연이 만나 서로 균형을 맞추는 일인 것 같다. 자연스레 허명(虛名)과 허욕(虛慾)이 조금씩 빠져나간다. 그래서 무너진 것을 다시 세워주는 시간이기도 하다. 누구나 부자는 될 수 없다. 모든 사람이 건강할 수도 없다. 하지만 맨발 걷기는 누구나 걸을 수만 있다면 할 수 있다. 그래서 지금의 내가 참 좋다.

자연의 섭리

　수확의 계절이 실감이 난다. 논에 벼를 베고 탈곡하는 것을 보니 결실의 계절이 분명하다. 유실수들은 거의 다 거두어들이고 일부 야채 및 미처 거두지 못한 작물들만 남아 있다. 흐르는 세월이 내 마음을 옥죄기라도 하듯이 지나가지만, 계절의 묘미인 황금 들녘을 바라보니 넉넉하고 풍요로운 느낌에 흐뭇한 마음, 이 순간이 있기까지 아낌없는 노력을 한 사람들의 피와 땀의 결과라고 본다.
　봄은 약동과 소생의 계절이요. 여름은 열렬하고 왕성함을 상징하며, 가을은 풍요로움을 상징한다. 그리고 겨울은 내년을 준비하는 계절이다. 곰곰이 생각해 보면 가을은 수확의 계절인 만큼 풍요로움은 말할 것도 없다. 주로 농사일을 중심으로 계절을 말하고 있어서 목화밭의 풍경을 백설 같다고 한다든지 고추를 널어 말리는 모습이 산호 같다고 비유하는 것이 특징적이다.
　문인들의 작품에서 가을 묘사에 등장한 것은 주로 국화, 목화, 단풍, 낙엽 등 식물과 하늘을 가로지르는 기러기, 귀뚜라미 등 동물 이미지 그리고 나뭇가지에 걸린 달, 바람, 비, 하늘과 같은 자연현상이나 추석과 같은 풍속이나 바쁜 농사일이 주로 등장하는 소재들이다. 가을의 주된 정서는 서리를 맞아 가며 피는 국화나 단풍의 풍경에서 조화롭고 아름다운 빛깔의 이미지를 제시했지만, 그 아름다움의 어딘가에는 비애감을 조장하는 이미지도 엿보인다.

가을이 돌아오면 나뭇잎은 모두 단풍이 들고, 세월이 가면 사람의 머리가 백발이 된다는 것은 단풍을 통하여 늙음과 슬픔을 표현한 것이다. 단풍의 다른 한 측면은 진다는 속성 때문에 슬픔을 환기하는 이미지가 된다. 이런 사계절이 각각에 맡겨진 임무로 우리 인간에게 일용할 양식과 혜택을 주어 삶에 의미와 풍요를 준다.

어린 시절 시골에서 한때 농사를 짓던 때가 생각이 난다. 그때는 이웃들과 함께 모내기나 파종을 할 논이나 밭을 미리 갈고 다듬는다. 특히 모를 내는 데는 줄잡이를 양쪽에 두고 그것에 맞게 손으로 심었다. 이걸 손 모라고 한다. 얼마나 허리가 아팠던지 안 하려고 각종 꾀도 부려도 봤지만 할 수밖에 없는 현실이었다. 또한 여러 채소 등도 그렇게 가꾸었다. 벼가 자라 베는 것도 기계가 아닌 낫으로 베서 말린 후 작은 홀태나 탈곡기로 벼알을 담았다. 이제는 그런 시절이 먼 옛날의 추억으로만 남아 나만의 소중함을 마음 깊이 간직할 뿐이다. 지금은 트랙터라는 기계로 땅을 갈고 다듬으며, 모내기도 하고 베는 것과 탈곡을 함께하고 있으니 얼마나 많이 변했는지를 실감하게 한다.

가을이 다 차고 넘친 들녘을 바라보면 수고한 땀방울이 묻어나는 것처럼 마음에 풍요로움을 느낀다. 가을은 모든 이에게 축복을 주는 것 같다. 과거를 지배한 자가 현재를 지배한다고 한다. 과거의 풍부한 경험과 지혜가 있었기에 지금 이렇게 변화가 되어 편리하게 산다.

우리는 이 세상에 태어나서 자연과 더불어 숨 쉬며 살아왔다는 그것만으로도 행복하고 그래서 감사함을 깨우쳐야 한다. 긍정적인 사고방식으로 늘 감사하다는 태도로 사는 사람에게는 행운이 찾아온다. 반대로 부정적인 사고방식을 가지고 불만족을 일삼는 사람에게는 불운이 찾아 든다.

성공해서 행복하기보다 행복해서 성공하기를 가르치는 게 행운의 비밀이다. 삶은 자기에게 달려있다. 마음가짐이 어떠한가 하는 자세에 따라 객관 사물의 이미지가 다르게 안겨 온다. 당신이 해를 등지고 섰다면 해는 당신의 등 뒤를 비출 것이고 돌아섰다면 태양은 당신의 가슴을 따스하게 비춰주는 것과도 같이. 봄에 새잎이 돋아나고 가을에 낙엽으로 지는 것, 사람은 태어나서 마지막에는 한 줌의 흙으로 남는 것, 이것은 어떤 권한이나 힘으로도 막아내지 못하는 자연의 섭리이다. 그런데도 자연의 섭리에서 벗어난 존재인 듯 으스댄다던가 발버둥 치는 것은 바람직한 자세가 아니다.

공수래공수거(空手来, 空手去)거늘 이 섭리를 터득하고 자기를 고스란히 내맡긴 채 순수한 낙엽으로 남겠다는 마음가짐을 갖추는 것이 바람직한 자세가 아닐까 싶다.

굳이 쓸쓸함을 보여주는 가을 소재들을 붙잡고 난리 쳐봤자 자연의 섭리는 변하지 않을 테니까. 가을은 말없이 깊어만 간다.

잡초에서 배우다

먼동이 트면서 저 멀리도 아니고 가까이도 아닌 곳에서 아련하게 윙윙하면서 들려오는 소리가 귓가에 들린다. 매년 이때쯤이면 자라난 잡풀을 제거하기 위하여 일하는 모습이다.

어떤 때는 그 소리에 잠을 깨기도 하고 또 일찍 일어나면 제초하는 사람들의 모습도 보기도 한다. 그분들의 노고로 인하여 말끔한 모습으로 다가오는 들녘이 다르게 보인다. 소리 없이 주어진 일을 한낮 더운 시간대를 피해가면서 일하는 사람들이 있어 고맙다는 생각이 든다.

작업을 하면서 혹시라도 다칠까 봐 살결이 노출되지 않도록 꼼꼼하게 챙겨 입고서 하는 모습이 자연스럽다는 생각도 든다. 쉬운 일은 아니지만, 자신이 외부에 노출이 되니까 보여지는 부분이 꺼려서 그럴 수도 있지만 그런 것에 개의치 않고 당당하게 하는 자세가 더욱 돋보인다. 누구나 할 수 있지만 그렇다고 아무나 할 수 있는 것도 아니다.

잡초를 제거하면서 흐트러지는 냄새도 특이하다. 야릇하면서도 그 위에 덧씌워진 내음이 콧날을 자극하기도 한다. 이런 일이 우리

지역에서만 하는 게 아니고 전국각지에서 비슷한 시기에 한다.

우리네 삶 속에서 일어나는 작은 일이지만 뒤에서 이런 사람들이 있으므로 사람에게 해로운 각종 해충의 둥지를 없애주어 보이지 않게 우리들의 건강에 도움을 주고 있다.

잡초는 유익함도 있지만, 사람에게 적지 않은 해를 주거나, 또는 독성이 있는 풀도 있기 때문에 최소 연 2회 정도는 제거해준다. 넓은 들녘에는 여러 종류의 잡풀들이 있어 서로가 조화를 이루며 견주기라도 하듯이 아름다움을 뽐내며 보라는 듯이 그 자리를 지키고 있다. 자연의 조화가 이름도 모를 여러 종류가 모여 자기들만의 향연을 펼치는 게 환상의 그림으로 펼쳐지기도 한다. 울창한 숲의 맨 아래에서 말없이 시키지 않아도 묵묵하게 자기의 할 일을 다 하는 모습으로 자리매김을 하면서 커다란 산과 능선을 이루는 것이 나에게는 또 다른 모습으로 비친다.

개울물을 가운데 두고 양쪽을 바라보고 있으니 그들만의 자리에는 오랫동안 그리워 보고팠던 연인들의 모습이 새삼스럽게 그려지기도 하고, 바람이 불면 서로의 사랑이야기가 전달이라도 되는 것처럼 보인다.

말은 안 해도 그들만의 삶을 위하여 누구의 눈치도 보지 않으면서 열심히 살아주어 그것을 보는 우리네 인간들의 행복도 누릴 수 있어서 좋다. 특히 자기들만의 세상이라도 된 듯이 울긋불긋한 모습과 어떤 것은 크고 또 작기도 하고 꽃이 피는 것도 있고 잎사귀만 있는 것도 있다. 바람결에 흔들려 이리저리 스러지지만 그래도 자기 모습이 어떠하던 즐거워하며 자랑이라도 하듯이 우리를 맞이해 주는 그런 자태가 너무 보기가 좋고 인간들의 삶에 즐거운 눈요기해준다.

잡풀이 시들어지면 토양의 양식으로 만들어져 비옥한 옥토를 만들기도 하지요. 그 위에 또 다른 생명이 자라나면서 새로운 모습으로 연출을 하겠지요.

아무 데나 나는 풀도 이름이 없는 풀이 없고, 잡풀은 농부가 인식하는 가치로는 나물, 화초, 목초, 걸음 풀입니다. 자기에게 필요할 때는 나물도 되고, 약초도 되고, 목초도 되고, 거름도 되지만 필요가 없을 때는 잡풀이 된다.

잡초의 사전적 정의는 '가꾸지 않아도 저절로 나서 자라는 불필요한 풀'이다. 말 그대로 잡풀이다. 지구의 모든 식물은 잡초였다. 이기적인 인간이 식물을 재배하기 시작하면서 작물과 잡초로 나눴다. 인간의 필요 때문에 재배하는 식물은 작물, 불필요한 식물에는 잡초라는 잣대를 들이댔다. 인간에게 유용하지 않고 소용이 없다는 생각이 잡초라고 부른 것이다. 사람의 살가운 시선을 못 받지만, 자리를 말없이 지키면서 짓밟히고 뽑혀 잘려 나가는 고난과 고통을 겪는다. 인근 산자락의 산책로와 도로에 이르기까지 땅에서 자라 마주친 대부분이 잡초다풀의 이름과 가치를 모르면 무조건 잡초라고 부른다. 사람의 생명을 구할 수 있는 소중한 약초가 될 수도 있다. 우리가 몸이 아팠을 때 먹는 약은 대부분 식물에서 추출한 성분을 이용하여 만든다. 사람에게 쓸모없다고 생각하는 잡초지만 소중하다. 야생 동물의 먹이이며, 씨앗은 새들의 주식이다. "문명인은 자신들의 마음에 들지 않는 식물을 잡초라고 부르는데 이 세상에 잡초라는 것은 없다. 모든 풀은 존중 받아야 하는 이유를 지니고 있고, 쓸모없는 풀이란 하나도 존재하지 않는다."라며 풀의 소중함을 가르쳤다. 우리는 풀에 대해 너무 모른다. 단오 전에 나는 풀들은 모두 먹을 수 있다라는 말처럼, 봄의 연한 잎들은 좋은 음식 재료다. 쑥이나 미나리만 먹을 수 있는 것이 아니다. 쇠비름나물은 골다공증을 치료하며, 오래 먹으면 장수한다고 장명채라 부른다. 한산 덩굴도 혈압에 좋은 성분으로 알려졌다. 생태계 교란 종인 단풍잎 돼지 풀도 항산화 성분이 있다. 토끼풀은 식물 성분 중 단백질 함량이 높다. 물을 머금은 질경이 씨앗 특성을 활용해 다이어트 식품을 개발하였다. 명아주의 줄기는 단단하고 가벼워 지팡이를 만든다. 통일신라 때부터 장수 노인에게 왕이 하사하던 청려장(靑藜杖)의 재료다. 잡초라고 무시했던 풀도 알고 나면 보물이다. 산책길에서 만나는 풀에 관심을 가져보자. 몸에 좋다는 산삼도 그 성분이 알려지기 전까지는 잡초였다. 생명(生命)은 문자 그대로 '살라는 하늘의 명령'이다. 이 땅의 모든 생명은 소중하다. 잡초에게 삶을 배우는 오늘 소중함으로 다가온다.

조물주 위에 건물주

 기다리기라도 한 듯 찾아온 분이 있었다. 매월 한 번씩은 오는데 이번 달에는 조금 일찍 온 것 같다.
 건물주였다. 외모나 태도를 말하고자 하는 것은 아니지만 약 팔십 세 정도의 나이로 말도 어눌하고 걷는 것도 앉는 것도 불편해 하는 모습이다. 하시는 말 다음 달부터 임대료를 월 16.6%의 인상을 해야 하겠다는 것이다. 전혀 생각지도 않은 말을 들었다. 현재 우리 입장 설명을 했지만 듣지를 않았다. 이곳으로 입주한 지 만10년째 되는데 그동안 한번은 올려주었다. 이번에 올리면 두 번째이다.
 여기 말고도 건물이 수도권에 2개소나 있다고 한다. 세상을 많이 사셨고 가진 것도 많음에도 욕심을 부리는 모습을 보면서 돈이란 사람을 이렇게 비참하게 만들고 힘들게 한다고 생각을 하니 마음이 편치가 않다. 가진 자가 자기 몫 더 달라는데 뭐라 할 말은 없지만, 함께 더불어 공유하며 살면 좋지 않을까.
 요즈음 가뜩이나 어려운 경제 여건과 코로나 등으로 인하여 회사의 성과도 전년만 못하다. 마음으로 부담이 되었다. 건물주로서는 못 올려줄 것 같으면 사무실을 빼라는 것이다. 자기도 힘이 드니 어쩔 수 없다는 것이다. 일방적인 통보라고 볼 수 있다. 한때는 유행처럼 나돌았던 착한 건물주라는 말이 잠시 생각이 났다. 사전에 충분하지는 않더라도 협의를 하고 입장 설명도 해도 될 텐데 막무가내식으로 하는 것이 쉽게 이해가 안 되었다.

매월 임대료는 빠지지 않고 제날짜에 꼬박꼬박 내고 있는데 웬 날벼락인가? 월세를 받으면서 건물관리도 제대로 해주지도 않고 있다. 화장실 변기의 동파, 세면대 막힘, 불결한 계단 및 건물 외벽에도 물이 새고 있다. 건물관리는 하지 않으면서 임대료만 올리겠다고 하니 참으로 어이가 없다. 오랫동안 사용을 해왔는데 이런 식으로 하는 게 맞는지 모르겠다. 조물주 위에 건물주라는 말이 새삼스럽지 않다.

상가건물의 경우 건물주라 하더라도 임대권 거절이 절대적임이 아니라는 대법원판결도 있었지만 통상 이러한 권리 주장에 대해 임차인이 무지함에 따라 손해를 보는 경우라고 본다. 일방적인 인상 요구란 '갑' 질이다. '갑' 질이란 업무상 종속관계, 업체 간 하청관계 등 확고한 권력관계에 포획된 사건을 말하지만, 이 또한 비슷한 예라 볼 수 있지 않을까.

이런 상황을 대하며 '갑', '을' 관계의 열등감도 느꼈다. 서로 대등하다고 하지만 그렇지 않고 계속 있으려면 올려주고 그렇지 않으면 나가라는 것 자체가 마음에 큰 상처를 받았다. 사람이라면 다 함께 잘 살아야 하는데 그러지를 못한 아쉬움과 자신의 처지가 딱하고 애처로워 언젠가는 이런 현실에서 벗어나야 하겠다는 다짐도 해 본다.

요즈음 인근을 돌아보면 이곳저곳에서 임대를 놓으려고 하는 전단지, 플래카드를 많이 본다. 그만큼 전반적인 경제가 좋지 않다는 것을 말하고 있다. 우리 건물에도 두 군데 정도가 공실로 남아 있다. 이런 주변 환경을 알고 그것에 맞게 해야 하지 않나 싶다.

조물주는 한쪽으로 기울거나 변덕을 부리지는 않는다. 중심을 잡으면서 균형추의 역할을 한다고 본다. 감히 인간이 상상도 할 수 없는 경지에 살고 있다고 보는 게 맞을지도 모른다. 건물주를 생각하면서 나도 모르게 이런저런 생각을 해보게 된다. 지금의 경제를 각종 언론의 보도에 따르면 최악이고 자영업자의 연체율도 8년 만에 최고라고 한다. 이런 현실을 참고해 주는 것이 인간의 도리 아닐까.

구세주보다 건물주란 말이 유행어가 된 세상이다. 한국의 청소년들은 장래 희망 직업 첫째가 공무원이고 둘째가 건물주라고 한다. 치열하게 진리에 고뇌하고 본질을 갈구(喝究)해야 할 청소년들이 양탄자 밑의 벌레처럼 무사안일만을 바라고 사는 우리의 현실이 참으로 천박하게 느껴짐은 나만의 생각일까?

인간은 네 겹의 노예라고 한다. 첫째 우선 국가를 만들어 권력의 노예가 됐고, 둘째 돈을 만들어 황금의 노예가 됐으며, 셋째 핸드폰을 만들어 스마트폰의 노예가 되고, 넷째 집을 만들어 집의 노예가 되었다는 것이다.

집은 세상의 복잡함을 피해 내 몸을 누일 수 있는 곳, 사랑이 여물고 행복을 저축할 수 있는 곳이 아닌가. 그러나 서울은 누구든지 들어오기만 하면 그 네 가지에 코가 꿰어 종처럼 끌려다녀야 하는 잔인하고 천박한 도시다.

한국에서 자영업을 운영하는데 있어서 임대차 관련 문제로 어려움을 겪는 이들이 적지 않다. 건물주 잘 만나는 게 천복이라 할 만큼, 비단 내 문제뿐만 아니라 많은 자영업자가 원상복구 문제로 재산상의 큰 손실을 겪는 것으로 알고 있다.상가임대차보호법은 자영업에 있어 최선의 보호막임은 틀림없다. 다만 자영업자가 살아남아 한국 경제의 허리가 무너지지 않게 하려면 권리금이 사라지고 있는 이 시대적 환경에 걸맞은 원상복구에 대한 좀 더 실효성 있는 법도 필요할 듯싶다. 착한 임대인이 많아지길 소망한다.

모든 게 마음에 들지 않는다고 해서 어찌할 수가 없지만 그래, 산에는 소나무만 살지 않으니까, 라고 생각하면서 위안으로 삼아본다.

추억으로 남은 학창 시절

지난 학창 시절이었던 중학교 때, 같은 마을에서 함께 다니던 고향 친구들과 졸업했던 사진을 보게 되었다.

그때 나 자신의 모습이었음을 쉽게 알 수 있었다. 아마도 10대 후반이었던 것으로 생각된다. 아직은 부모의 그늘이 필요했기 때문에 마음고생은 안 하고 장래의 꿈이나 희망을 말하기보다는 공부하는 일이 전부였던 시절이었다.

통학하는 길도 왕복 8km로 걸어서 가면 약 1시간 정도의 거리였다. 가는 길에 냇가도 두 군데나 건너야 되어 비가 많이 오거나 하여 물이 불어나면 통학하는데 적지 않은 어려움도 있었다. 물론 더 먼 거리에서 다니는 친구들도 있었지만, 나로서는 그렇게 가깝게 느껴지지 않았다.

통학하는 길이 처음에는 걸어서 산을 넘고 들을지나 논두렁, 밭두렁 사이의 좁은 길로 다녔으며 그 당시는 정리가 안 된 도로를 속된 말로 신작로라고 하는 도로가 있었으나 거리가 멀어서 이용할 수가 없었고, 그 후 교통이 좋아지고 도로포장이 잘되어 자전거로 통학을 할 수가 있었다.

통학길에 늘어선 자전거의 행렬을 보면서 이렇게 하면서라도 배울 수 있다는 게 그나마 많은 위안이 되었고 나만의 좋았던 학창 시절의 모습이 그리움으로 다가왔다.

지금은 교복 자율화로 많은 학교가 자유분방하게 옷을 입고 다니지만, 당시만 해도 철저하게 학생에게 맞는 교복을 입어야 했고 남학생들은 학모도 쓰고 각종 배지도 달고, 이름표, 두발검사까지 받고 다녔으며 불이행 시에는 정문에서 철저하게 장발 단속도 하였다. 특히 머리가 길면 가차 없이 가위질당해야 했던 시절. 아련한 추억으로 남는다.

시골 학교이다 보니 여기저기 이웃 동네가 많아 2~3십 리 길의 거리에서도 자전거나 버스로 통학을 하는 경우가 많았다. 우리 마을에서는 7명이 같이 초등학교 때부터 함께 입학하여 중학교 졸업 때까지 함께 다녔었는데.

세월은 강물처럼 유장하게 흐르지만, 꼭 흘러가는 것은 강물만이 아니다. 세월에 얹혀서 모든 생명체도 다 그렇게 흘러간다는 말처럼 세월은 누구를 기다려주지 않고 흘러가지만 나는 그 세월을 탓하거나 투정하지 않고 무난히 잘 견디면서 살았던 것 같다.

그때는 누구든지 그런 환경에서 적응하며 자랐고 생활을 했다. 동네 어귀를 지나면 미루나무 그늘에 어른들은 곰방대를 물고, 냇가에 바지 걷어붙이고 돌멩이로 고기 잡던 시절들. 지금 와서 보니 그 시절의 정겹고 흉허물없이 함께 지냈던 때가 눈에 선하다. 어렸고 철없이 보냈던 부분이 나에게는 호시절이었던 것 같다.

지방의 소도시는 자그마한 동네들이 집성촌에 따라 군락으로 이루어져 살아가고 있었다. 그런 환경에서는 도회지의 생활은 꿈도 못 꾸었고 부모가 남겨준 재산을 기반으로 해서 살아야 한다는 생각이 전부였다. 현재의 나의 모습으로 살 거라고는 전혀 생각을 안 했다.

　세상이 변하다 보니 자신도 따라서 변화에 순응하면서 살았던 것 같다. 최근에 동창 모임에서 만난 친구를 보니 몰라볼 정도로 달라져 있었고 학창 시절 때의 모습을 전혀 찾아볼 수가 없었다. 세월이 우리의 흔적을 지우기라도 한 것일까. 삶은 죽을 만큼 괴롭지만 살아갈 만큼 아름답다. 그런 생각으로 오늘도 난 자신을 달래가면서 살고 있다.

　언제나 반갑게 맞아 주고 품어주는 고향이 있다는 것, 나에겐 작지만 얼마나 소중한 행복이고 축복이던가, 그 고향의 친구들. 지금도 잊을 수 없고 언제나 마음 한 켠에 자리 잡고 있다. 한 친구는 사고로 인하여 벌써 유명을 달리해 하늘나라 여행을 갔으니 착잡한 마음에 아쉬움과 그리움이 더해지는 것 같다.

　누구나 고향에 대한 막연한 그리움을 지우지 못한 채 살아가는 경우가 대부분, 고향이라는 말만으로도 어릴 적 향수와 설렘을 지울 수 없는 것은 현재의 실존적 나를 만들어냈기 때문이리라. 어릴 적 냇가에서 놀던 기억을 바로 소환할 정도로 수십 년 전의 일도 어제의 일처럼 생생하게 다가왔음을 알 수 있다.내가 학창 시절이 그리운 이유는 주변에 늘 친구들이 있었다. 마음을 열어 놓고 허물없이 정을 나눌 수 있었던 그런 정겹고 믿음직스러운 친구들이 늘 곁에 있었다. 오늘도 변함없이 고향하늘과 산, 들판, 냇물의 모습은 항상 그 자리에 있겠지. 환경은 변했지만, 그때의 형상이나 흔적은 추억의 소산으로 나의 뇌리를 떠돌고 있다.

훈훈한 봄 향기

 봄 향기가 온 산천을 적시는 날 기다리기라도 한 듯 집사람 그리고 막내딸과 함께 봄나들이 산행을 하였다. 막내딸 아이가 이른 아침부터 산에 가자고 집사람한테 전화할 줄은 정말 뜻밖이었다. 나 역시 하던 일도 있고 해서 조용히 지내려고 하던 차였는데, 오히려 반갑기도 하고 설레기도 한 아침……이런 일이 자주 있었던 일이 아니었기에 준비해서 가는 게 기대도 되었다. 그동안 살아오면서 이렇게 연락을 받고 갈 줄은 전혀 생각을 못 하여 고맙다는 생각도 들면서 한편으론 이렇게 부모하고 함께 가길 원하는 딸 아이가 대견스럽고 고마웠다.친구들하고는 자주 다닌다는 말은 들었기에 산을 즐기고자 가는 것은 알고 있었다. 어려서는 부모 손 잡고 다녔지만, 지금은 그때와는 다르다. 혼자 독립해서 살고 휴일에 겨우 쉬는데 그 시간을 부모와 함께 보낸다는 것이 쉽지 않기 때문에 딸 아이의 고마운 마음이 더 다가온다.모처럼 만에 야외 나들이를 가다 보니 간단하게 냉장고에 있는 것으로 간식을 집사람이 준비했지만, 딸아이도 기본적인 먹거리를 챙겨 와서 제법 모양새도 나고 흥겨울 것 같았다. 문득 초등학교 때 소풍 가는 기분이 들었다. 그때는 지금처럼 먹을 것이 흔하지 않아 제대로 챙겨가지도 못했지만 그래도 마음만은 즐거웠던 기억이 난다. 가는 곳은 그리 멀지 않은 대부도에 있는 구봉도 해솔길이었다. 험하지도 않고 쉽게 갈 수 있으며, 능선 길로 이루어졌고 양쪽으로는 바다를 끼고 있어서 지루하거나 힘들지도 않았고 오르막 내리막이 크지 않다 보니 걷기에는 편하고 좋았다. 탁 트인 바다를 양옆으로 감상하며 걷다 보니 행복은 저 멀리 특별한 사람에게만 있는 게 아니라 바로 지금 이곳에 있다는 생각도 하며 한 걸음 한 걸음 내딛는 발걸음은 한층 가벼웠다.화창한 봄 날씨와 함께 걷는 산책은 날아갈 것 같은 기분으로 먹먹하고 답답했던 머리가 시원함으로 정리를 해준 것처럼 맑았다. 이런 기분에 도취되다 보니 세상을 다 얻은 것 같은 느낌은 나만의 생각일까?가고 오는 길에 그동안 못한 많은 대화를 하면서 살아가는 이야기 최근에 몸이 안 좋아서 힘들었던 것과 살면서 일상에서 이루어지는 대화를 하다 보니 몸도 한결 마음도 가벼웠고 힐링도 되고 가족애가 내 전신을 지배하고 있었다. 구봉도의 절정은 개미허리 아치교와 낙조 전망대이다. 새봄을 가슴으로 품으며 보는 아름다운 모습을 보면서 삶의 새로운 윤활유와 같은 활력소를 한 아름 듬뿍 받았고, 덤으로 유쾌, 상쾌, 통쾌함은 보너스였다. 정성껏 준비해간 간식은 바닷가 시야가 확 트인 자리에서 먼 수평선을 바라보면서 먹는 맛은 그 무엇과도 비교할 수가 없었다. 세상에 그 무엇도 부럽지 않은 마음의 풍요로움을 만끽하였다. 오는 길에 국민건강을 체크 하는 <당신의 뱃살은 안녕하십니까>의 시설물에서 나이별로 구분이 되어 있는데 자신의 몸매를 확인도 해볼 수도 있었고, 할미 바위, 할아비 바위로 불리는 선돌의 유래도 알게 되었다. 선돌은 배를 타고 고기 잡으러 바다로 간 할아비를 기다리던 할매가 지쳐 비스듬히 쓰러져 바위가 되고 그 후 몇 년이 지나 돌아온 할아비는 바위가 된 할매를 보고 가여워하다가 함께 바위가 되었다는 애틋한 전설도 지니고 있다.출발지에 도착해서 걸어온 곳을 생각하니 많은 의미도 있었지만, 다시 이렇게 또 올 수 있을까 하는 아쉬움이 전신을 감싸고 있다. 운동하거나 산을 오르거나 하는 것은 육체의 힘뿐만 아니라 생각하는 힘도 길러준다. 오늘은 짧은 시간이었으나 마음과 육체의 보약을 제대로 먹은 것 같다. 근래에는 자녀들이 부모와 함께 다니는 것을 그리 반갑지 않게 생각하는데 그나마 이런 좋은 시간을 보낼 수 있었으니, 오늘만큼은 행복한 하루였다. 앞으로 자주는 못하더라도 가끔이라도 이런 날을 만들었으면 하는 마음이 나만의 욕심이 아니길 소망해 보며 저물어가는 석양을 바라본다.

봄이 오는 소리

초판 발행일 2024년 12월 10일

지은이 **이동근**
발행인 **김미희**
펴낸곳 **몽트**

출판등록 2012.12.20 제 2014-0000-38호

주소 안산시 상록구 화랑로 513 2층 24호
전화 031-501-2322 팩스 031-501-2321
메일 memento33@menthebooks.com

값 15,000원
ISBN 978-89-6989-106-8 03810